I0507827

GET YOUR BONUS PUZZLES:

Send us an email **sbrt.notebooks@gmail.com** and get some more sudoku (including Jigsaw Sudoku, X-Sudoku and much more).

Your voice is important:

Please support us and leave a review!

Copyright © 2020 by SBRT Notebooks
All rights reserved

Other Fun Sudoku Puzzle Books

by SBRT Notebooks

- Easy Sudoku Puzzles **by SBRT**
- Medium Sudoku Puzzles **by SBRT**
- Hard Sudoku Puzzles **by SBRT**
- Extreme Sudoku Puzzles **by SBRT**
- Samurai Sudoku **by SBRT**

And much more coming soon!!

Sudoku Rules

Each Classic Sudoku is consisting in 9x9 grid.

Insert the number from 1 to 9 in each row, column and 3x3 box.

Only one simple rule:

A Number Can't Be Repeated in Any Row, Column or Box.

HAVE FUN!

#1

4	9		6					
	7	8	2	4	3	5	6	9
	5	6	8	7				
			3	8				
6	3		7	2	4	9	8	
	1				6			2
		2		3	8		9	5
3	4		1		7	8		6
5	8			6				3

#2

		8	4	5	7			2
	7	2	8	6		5	9	
		3	1			6	8	7
	9	1		8				6
2	8						3	9
6	4							
		9			8	2	6	
								3
7	2	6	3	1	9	8		

#3

9			4			6		7
	2	6			1		4	
4		3	6	9	2	8		5
	9	1		8	5		3	
	4					5	8	1
	3		1					
	5	9	3	2	4	1	6	
	8	4	7					
			5			4	7	9

#4

6		9					4	
2			3		8	9		
	5	1	9	2	4			
		8		1	6	4	5	7
7	1	6						
1	7	3				5		4
5	6	4	8		7	2		
9	8		5			6	7	3

#5

		7	1			6		
7				4			5	3
1			6	9	3			
	4	6	1	7	8	3	2	9
9	1	2	3	4		5		
		8		5			4	
	9		2	3	7	8	1	
8	5				9	2		
				8		4		

#6

6	9	3			4	7		1
4	7							8
8	5				9	6		
2	3	9	1	5	8			
		4		2		9		
			9	4	6			3
				7	2	5		
			8		5	1		4
7			6		3	8	2	9

#7

5	9	7	6		8			
	4	6			3	2		
	3	2		1			9	
	8	1		5	9	4	6	2
	6	9			4	5	8	
		5		6		9	1	3
	5	3	2	8		1		4
	2							
		4			7	8		

#8

				2		9		
9	7		4		3			8
			5	9	7			4
5					4	7	2	6
	6	3	1		8	4	9	5
								1
3		4	2		6	8		
		8					1	3
1			3	8	5	6	4	2

#9

4			6		1			3
		5				1	4	
3	1	7		4		8		
	2	4		6		9		8
6		3	9					
		1	3				5	7
1	3	9			6		8	4
5		8			2		6	
2	4			1	3	7	9	5

#10

8						5		
				4	5	6	9	
			9	7	2	3	8	4
1	7	8						5
		9		2	8	4		6
4		2				8	7	
2		5	6	8	7		4	
9		6	2	3		7		
7		3				1	6	2

#11

		6	8	9			3	
5	7				1			8
	2	8			5	6		1
4	6			3	8			
		7	1	5		3	6	4
	5			6	7	8	2	
7		5	9	1	6	4		2
			7				1	
8				2		9		

#12

	5	7					2	
6	2		4	1		7	9	3
	3		6	2		5	8	
2				4	1			7
1	7	3		9		2		
5		4	7	3				
			1	7				5
7	9					8	1	2
3	1	5	2					

#13

					5			
								2
3	1						5	9
9	2		8					
8	4	1	5	9		7	6	3
5	7		1	6	4	2	9	
		8		1	9			7
4	5				7	9	8	1
			2		8	3	4	6

#14

	7			4	1	9		6
	9			7		1		
		2	9		5	8		4
2	5			9				
	4	1	6	5		3	9	2
9			2	8	3	5	4	1
			5		6	4		
1		4	7	3	9			5
6	3				8			

#15

9	7	1	3	8				
		5	6	1	9			
		8	4					
								4
3	9	6	8	4		7	1	5
	5					6	9	
7	8	2	5		1	4		
1	6			9		5	8	2
5	4					1	3	7

#16

3		5	8	1	7	4	9	
6	1							3
8				5		2	1	
1	5		6	9	3	7		
4		6					5	2
			2		5	6	3	
				8			6	9
2	6	1		3		8	7	
	8	4				3	2	5

#17

							6	
7		4	2	6		3	9	
6			3		5		8	
	1	7	4	8	9		3	6
3	8	9	6		1	2		
							1	9
1	7				6	9		3
	6					1	2	8
9	3			1	2		4	7

#18

7	6	5	1	2	9	4		
		3	7	5	8	9		6
9		1	4	6	3	7	2	
		2	9			5		
		7	8					2
		4				8	9	7
5	2	9		8				
				1				9
1			6		7	2	5	4

#19

		2		3	9	6	5	7
			8	4	5		1	
5	1	3			2	8		
				6			4	3
	3		4	2	8		6	
4	2		3	5	7	1	8	
	5							
				9		5	3	1
1	9		5	8		4		6

#20

6		4	8	9		7		
	7		6	2		5		8
8	5		3	7	4		6	
1	6							
				6	3	8	5	
			4	8	9	2		
4							9	
7	2		9	3			8	5
3			2	4	8	6	7	1

#21

8		6			4		7	
				7				
	4	7	6	3	1	9		5
1			2	4	9	5		
	5	3	7	8	6	2		1
4	7				5			
6					8			3
3			4			1		
			5	9		4		6

#22

	8	3		1			2	7
					5			4
5	2	4	8				9	1
3						7	1	9
1		8	6	7	4	2	3	5
	5	2			3	6	4	
					6	9		
2			9		8	1	7	3
				3	1			

#23

4	7		1					5
	8		4		6	7	2	1
	3	2	5		8	6	9	4
6		7			2		1	8
8	4		6	5		9		2
9								
		8	2				4	3
	9				4		6	7
2	1		7				8	9

#24

2	6	3		4	7	5		
8	9	5	3		1		2	
1	4	7		2			8	
	8	2	7				3	1
7	5		4		3	8		2
9								4
				3		2	4	5
5			2					
				9	6	1		8

#25

5	9		4	1	6		8	
6	8	3						
		1	3	2	8			
			8	9	2	6	3	
	5			3	4	8	7	2
			6			4	9	1
8	6		5			7	2	3
	4						5	
2	3		6	7				8

#26

		3	1		6		7	4
1	7	6				5	2	3
9	2	4	7	5	3		6	8
7		8		3	4	6		
						4		9
	4	1	6	9		8	3	
	1					7	9	6
2	8							
			3	7				1

#27

9				8	3	2		
5	7	4	2				3	
	2	3	5	7	1			
	5	8	7		9			
	9		3		4	5	6	8
					5	1	9	
	8		6			3	1	9
2		1						
3	4	9	1		7	6	8	2

#28

2		9	8		6		3	5
	6		9		2	8		
			7	1	5			
8	4	1						
				8	1	4		9
6	9	3		7		1	5	
		5				9	4	
		6	4	5	7		8	1
		8	1		3	5	7	6

#29

9	3		8	6				4
		7	5					
6	4	1	2		9	5	7	
	8	9		7				
					3			
	7	3	9	8				1
	9	8				6		5
7				5	8	3	9	2
4		2		9		8	1	7

#30

9					2			
			4	6	8		9	3
3			2	9			4	8
2	7			5	9	4		6
	8	5	1				2	7
		1	6	2	7			5
	2				3		5	4
8				1	2		7	9
	5			4	6		8	2

#31

5	2	6	3	8				1
8				2	1	7	5	3
	3	1		4				
	1					5		4
		5	2		4	6	3	7
6	4		7	5	3			9
1	6	8	5					
4	5	3			9			

#32

8	2	5	3			9	7	
		4	5			1	3	8
		3	6	9		5	4	
5	4				2	8		
2							9	
	8	1		6	5	7	2	4
4		6	8	5			1	
9						4		3
		2	1			6	8	9

#33

1	8						7	
7							9	3
9				7		8		
				9	6			
	2	7	5	1	4		8	9
	3	9	7				5	1
3	7	4	1	5	8	9	2	
2					9	7	1	8
				2		5		4

#34

8	9	1		3				5
7			9		5	8	2	3
2				4		1	9	
3		2	7		9		5	4
5		4	3	2	1	9	7	
9	8				4			
		2	9					
1	3	5	4			2	6	9

#35

	8	9		7	1		6	2
	4	6	8		3			
3		7	2	4	6	9	5	
6								
	3	2		8				1
	5	8		6			2	
			4					6
4	2		6	9	3	8	7	5
8	6			2	5		9	4

#36

		8			9	4	3	1
4	3		8					
			4				8	9
9	4			6		8		7
6			7	3		2		
2				4	3			
5				4	8	6	9	
	9					1	7	
3	1	6			2			8

#37

1	2		5	3	9	7		
	3	4	6		8			2
6		9	1	4				3
				6	3	5		9
8		5	2					
		6	4	2		1		5
4	5	2	8		1	3		6
9	1	7		5		2	4	8

#38

1	3	9		4	7			6
6	8	4	5		1	7	2	3
		5	8	6	3	1		
	4				6			
			3	1		9	7	
3	7				9	6	5	
	1		6					
4	6	3	9				1	
		2	1	7				5

#39

4	7		9			3	6	5
9	5	2	6		3	7	1	4
6						8		
	8	6	4	9	5	1		
			3	6	1			
5		1		7	8	6	3	
7				2			5	
1					9		8	
		5			4	9	7	6

#40

1		5	9	6	4			7
	4	6				1		3
8	9	7		2	1	4		6
3		4				8	7	9
6		9	8					
							6	4
7		1	2				4	5
9	5	8				7	3	
		3		9	7			8

#41

	9	2			5	1		
	6	5	9	7		4	2	8
		3		2				
				9	7			
	8	6			4	5		7
9		7		6	2	3	1	4
	1	4	7					
5	7			3	6			1
6	2	8		4		7		

#42

4				8		1	6	2
				1				8
		8	6			3		
	2		3	5	9			
9	4			6	2	8		
	3		8	4				
3	6	9	5		8	4	2	1
	1	4		9			8	
	8		1		4	5	9	6

#43

4	2		7	6	9		1	5
3	6							
		7					4	6
	8	3	2		4		7	9
1	4					6	5	
7		5	6		8	4		
	7		1	4	3	8	9	2
			9				6	
2	1					7		4

#44

9	4			5		7		6
				1	4	8		
8	5		6					4
	1	2					7	
5	6				7	3		9
	9		5	8	1	4		
		9	8	4		6	5	3
6	2	4						1
3	8	5		6	9	2		7

#45

		7	5		1	9		8
4	3	5			6	7		2
	8	1	4	2				
		3	7		8	6	9	4
			1			2	8	5
8		9	6					
		8	2	6	9			7
5	1	2		7	4			9
				1	5			3

#46

	4	2	6		9			
						6	9	7
		7	1		3	4	5	
					7			
4	7	8			2		6	1
1	5							
7	3		8				2	9
2	9	4	7	3				6
				2	6	7	4	3

#47

	8		1	7			3	
1	3	2	5	6	9	8	4	7
3	6	5	7	1		4		9
8	7		6					
		1		3	5			6
5	9		8		6			4
7	4	8			1	6	9	
		6	9		7			8

#48

9	8	4		2			1	6
2		5			4		9	
	1	7	6		9		2	
8	7	6		9				1
		2						9
		9	7	6	1	2	3	8
		3		5	8			
	5		9	7	2		8	
				1	6	9		5

#49

					6		5	
					4	1	9	7
					5	6	3	
8		9	5	2	7	4		
	7	1	4	9			5	2
4	2	5	1		8	9	7	3
2	6	4		3	9	7	1	
5		3						
		7		5				

#50

	3	1						7
7	6	2					9	
		9	4	7	1	2	3	
8		6		1	3	9	2	5
1	9							8
			8	9		3	6	1
						6	1	
		4	2	8	6		7	9
6		7	1		9	4		2

#51

		1		6	2	9		
						6	1	
9						4	8	5
	7	5	9		3	6	4	2
1	4	6		7	2	5	3	
				5	4	8	1	
	9	7		6		3		
							2	4
5	3	4		9				6

#52

4				1				
				2	5	1		
	3	4		9				5
	4		7	3		6	8	9
	5	7			6	3	2	4
				8	7			
3			6	1	4		5	2
	6	1				4	3	8

#53

		4	6		1			
8		2	4	7			3	1
9				2	5			8
	9	3	1	6		8		2
5								
	6	1	5	9	8	4	7	3
								7
1	2	8	7				9	4
			9	1		3	8	6

#54

			5	8	2			9
9			1	3	6	8	2	
8				9				
4		3			1	5	7	2
	6	7	3					4
						6	3	8
7	5		9			2	8	1
					2	5	4	6	3
6	3	2	8	1	4			

#55

5	9	4	8		1		6	2
8	6	2		4		3	1	9
1		3	9			5		
								3
	8		1	6	4			
			3	7	5	1		8
	5	7	4	1	8	9		
	3	8			2			
6	4	1		9	3			

#56

5	1							
		7				6		
		8	4	7			9	5
7		1		2				
				9	4		2	8
9	2						1	6
1		5	6	4		9	8	7
2	4		7	1	8	5	6	3
	7	6	5	3	9	1		

#57

1	9	2	7	5	6	3		
	7	5		8	3	9	1	2
8			2		9			
3					5	8	9	1
4	8		9					
2				9	4		7	8
5		9	8				2	
		8	3	2	1	5	6	9

#58

1	3		5	2		8	7	6
	5	4	1	7			9	
6		2	3	9	8	5	4	
		7	2	6		1		5
9	6			8				
		5	4					
							2	8
7						6		3
4	2					7	1	9

#59

5					4	2		1
7	8	2	3				6	9
9	3	5	8			7	2	4
4		8			2			
				5	7	3	9	8
	2	7	1	4		9		5
		9	5		8		3	
	5		7	9	3	6	4	2

#60

6	3	2						
	8				3	1		6
9		4			5	2	7	3
3	6		5	1	2			8
4								
1	2			7	8		3	
8	4	3		5		9		
				2	7	3	6	
	7	6	9		4	5	8	1

#61

		7	6	9				
		6	2			5	9	
	3	5			1		4	2
3		1						4
8	4	9	7			2	3	
		2	3	4		7	1	8
5			1	8				
2	1	3	4		7	8		9
7			9				2	1

#62

5	9	1	8					
4		2	9	5		1	8	
	8	6	4			2		
	6	5	3	4	9	7		
7						9	4	
9	1	4		8	5		6	2
6			1		2		9	
		7	6					3
								1

#63

5	9							
	6		4	5				8
3			6			1		2
4	7	6	5	1	9			
			7		2	5	4	6
2		5	8	4		7	9	
	5	3				8	2	7
6		8			5	4	1	
			1	2		3	6	5

#64

5	6		7	9	4	1		
		1	3	5	6	7	4	9
				1	8	6	5	3
3		5	1	4	9			
4		9	6		3		1	7
2		6		7				
								6
		2			7	4		
6		4						1

#65

	1		6		3		7	9
			4	2			1	
	7	6	9	1	8	2	3	4
7	5	1		8	4	9	6	3
	4			7	9			
3	2						8	
8	9	7			6		2	5
2			8					
		5			2		4	8

#66

		4		7	8			5
1	5	7	2	4	3	6	8	9
2								
					9	8	5	
9	1		3		5	2		
			8					
					2	5		7
7	2	9	5		1	4	6	8
4		5				1		2

#67

	3			9		4	6	7
		4			3		1	9
9	6	5	1	7				
			9	6			5	
						1	3	6
	1	7	5	3	2	8	9	
		9	7			3	4	
			4		8		2	1
2	4							5

#68

2	1		7			8		
		8			3	1	6	7
	7		4	8	1	5	9	2
6	5			9	7	4		
	9							
			5	3	6	7	1	9
9	6	5		7	2			1
			6	5	9	2	7	8

#69

				4				7
9	4	3	7	6			8	
			3	8	1	4	6	
6	8		1	2	3			
	2	4	6		8	9		
1	3	5	4				2	
2		7	8		9		3	
						2	7	8
3	5	8				6		

#70

6	5	2	1					9
3		7	8	4		2	5	6
8	4	9						
				9		3		
9		3		2	4	1	7	5
1	7	4			5	6		
4	2		9		8	5		7
5	9		4	1				
			5					

#71

		4	7	5	6	2		
		7	8	2	9	6	3	4
	2	3	4			9	1	
5		1	3	9	8	7	2	6
							5	3
	1			3			8	7
	7	5						
	3		5	6	7	1	4	9

#72

						6	4	
							9	5
9	4	3				1	8	
		9	3	4		8		
4	3		5		6			1
8	2	6		7	1	5	3	
1	8	5	7	2		4	6	9
				6			1	
	6		1		8	2	5	3

#73

4			8		7	9	5	
	9			3	2	1	8	
5			9		4	3		
3				7	9	8	1	
					8	2	6	
8				2			4	3
							9	1
2		1	6		3		7	
	6	5	7		1	4	3	2

#74

1	5							9
		6	1	5	2			
		8	6	9	3		7	5
5		7	9	8	6	3	4	2
8	3	4		7	1		5	
9					4	7		
				1			2	7
3	8		7		5			
					8		3	1

#75

	2	9	6	5		1	3	4
	8	3			1		5	9
						8	6	
	7		2	1	6	9		5
	9	1	3		7			
2		4		9	5	3	1	7
9	5		1	8	4			
		7		6	9			1
4	1							

#76

9	3		7	1	4		6	
	1			8	3		7	4
	6	7	5	9		3		1
2	7					4		6
1	4	9		7		8		3
				5		2	9	
			4	7	6			9
7	9			2	5	1		
		1					3	5

#77

1			9		5	4		
	4			2	7			
	3	7	1	4	8	2	6	
			7	9	1			5
	5	3	4			1	9	7
	9					8	4	
				1				
4				6		7	1	3
8	1	6		7	4	9	5	2

#78

6			5		2	9		4
1	3	9	8	7	4	5	2	
	2			9	6			
				2				8
			4	5	1	7		2
5	9		6	8	7	4		3
9						2	8	7
	6	7		3				
	5	1	7					9

#79

8		3					2	
	9		3	7	2			4
2	1		8	6		7		
4		1	9	3	7		8	
3	2						4	
7		8	4	2	1	5		
9	3		6	4	8			
						3	9	8
1		7	2				6	5

#80

	6			5			3	8
3		8		7	4		1	2
1	2							
		4	2	3	9			6
7		2	4	8				5
9		6	7					
8		3	9	2		6	5	
2		9	5	6	3	8	7	

#81

4				1			2	
2	1	6	4	9	3			
		5			6	1	4	9
	4		1	8	7			6
9		3	2	6	4		1	
		7	3	5			8	4
			5				7	
		8	6	7	1	4		
	5	1		4		3		

#82

	1	6					5	9
3	8	5	1		9	6		4
		9	3			7	8	
	7	3			1	9		5
9	2		6	4			7	
4		8	9	3	7	1	6	2
							3	
5				6	3	2		7
				1	4			

#83

	6				7	3	8	4
		7						
			5		8	7	1	6
	9	3	8					
	2	4	3	9		1	7	8
				5	2	4		9
	5			7	4	8		
		6	2	8	5			
							2	1

#84

	7				2	5	9	
2	4	9						3
8	5	3				7	2	4
7	6						3	
5	1		7		3		8	
		2			6		1	
4	8	6	1	9			5	
9	3			6		8	7	1
					8		4	6

#85

4					3			
3			7	2	1		9	
5	9		6	4	8	1	2	
	6	8	1			7	3	2
2				7	9	8		1
	3	1	8	6	2			5
	7		4				1	6
		3		1				
	5		2					

#86

			3		8	9		
8		9	5	1		2		
4	7	3						5
		7	1	6	5		9	
9	1	4			2		7	
5	2	6	4					8
6	3	2	9			7		1
1								
			6	2	1	8		9

#87

					8	7	4	3
			4	1	5		6	8
			7	2		5	1	9
1	8			4				7
		2	3			1	8	
5	3		8		1	4	9	2
	6				7	9	2	1
		7	1			8	3	5
3		5	9					

#88

	8	2			4			6
7		6		5		2	4	1
4	9	1					5	
					7			
				2		5		
1		3					2	7
6	5	7			2	3		
	1	9			5	6		
		4	9		6	8		5

#89

9	6	7	8	1			3	5
		5	7	2	6			4
4	8	2						
		1		9	7		5	2
							4	8
7	2	6	4					
							1	9
1	7	4	9	8	3			6
6	5		1	4			7	3

#90

5	1	4				2		
3						7	8	9
7	9			6		4	1	5
1	6	3	2	9	8	5		
	4	5	6			9	2	3
9				5			6	8
2				7				
6		7						1
	8	1	9				7	2

#91

3	5	7	8			9	6	
9				7			1	2
6	1	2	4	9		5	8	7
5	9						2	
1		6			4			
				9				
	2		1				4	3
						2		5
4		9	5	3		8	7	1

#92

8	9		7	4			5	
1		7	3			6		9
3			9	5	1	2		8
	1				5	7		
			1	8	4	9		
4	2	3	6					5
		6	5	1	9	3	8	
						4	9	6
		8	9	4				1

#93

8	9	5		6	7		4	
	2	1		5	3	9	6	8
		3			8		2	
	3	2						
						2		9
	8		5	3	2	6		
2								
	4	6	8			5	1	7
5	1		3	7	6	4	9	2

#94

3		8		5		2	6	
					9	8		5
2	3	4	1		8			
7			5	4	3			8
5	8			7	2			9
8	7	6	2	3	5			4
	4			8	1		5	2
		5	9		4	7		3

#95

			4	7				
					6	7	5	
		7		1				3
8	5	4						
9		6	8	1	5	3	4	
3	2			9	4	6	8	5
6	4	8	3		7	2	1	9
7	9		1	4			3	6
		5						

#96

8				1				3
			9	8	7	1	6	
					3	7	8	
		3	1	7	6	5	4	8
6	7		5				3	1
5	1	4	2				9	
7		5	3	9			1	
	8	9						
	3	1	8		2	9		6

#97

		1	9		6	8		
8	7	5	2	1	3			9
6		9	4	7		1		
1				2				
			6	9	4	7	5	
5		7	3	8	1	9		2
2	1	4	7					
7	5	8	1	3				
9								7

#98

					3			1
					8	6	9	
				1			8	
		5		4				
	8	9						
1				9	2		3	5
7	9	8	5	3	4		2	6
2	4						7	
5	6	1	2	8	7	9		4

#99

	2		4	6			7	1
3	7	8	1	4	5	6		
		1		8	7		3	
				4		7	5	8
	8	2	5			9		
		4	7				1	
				9		6	1	7
		8	9	2		1	5	
			1	7		4		9

#100

	4	2		3	7	8	5	
		9	6	4				
				2			9	7
	3		8			6	7	
		7	2	1			5	8
8	9	5	4	7				1
5					4	2	6	
	2			6	5			3
6	7	4	3	8				

#101

5	6							9
		9	7				8	4
7	8		9			6		
	7						8	9
	2	5				4		
9	4	1	8	5			6	
	9	6	1	3	2	7	5	8
2	3	8	5		7	9		
	5	7		9				6

#102

4		3	5	2		1		
		5						
					3			
9	5	4	6		2	8		
3			2	1	4	9	6	7	5
	7	1		5				9
2				3	4	5	9	1
		9	2			7	3	6
5	3			6			4	8

#103

4	2	6		5			9	8
8	7	9		2				5
1	3			7		4	6	2
				1		8	2	
5		2		8	9	6		
3							7	1
2	5			6				
				3	4	1		
6	4	1			5	2		

#104

6	1	9		3	4		8	2
2		7				5	3	4
	4	5	7					
				5	7			
	7				9	8	5	3
	9	3	2		8	6	1	7
1								
	2	6	8	7				5
7		8				2	9	6

#105

6	4	5	7			9	3	2
7	3			2	4	6	8	1
2		8	3		6		5	7
9	8				2	7	4	
	7		9	4	5	3	2	
5								
				5	3		6	
		1	2	6	9			

#106

4			5	9	2	6		1
5		1		8	7		9	
9		2		1				5
2	4	6			9	5	1	
7	5		2					
		9				7	2	6
6							5	9
1	2	5	9	3				
3	9			5	4	1		

#107

3	9		6		5	8	1	4
				3	8	6	5	7
8		6					2	
	1	4	2		3	7		
				9	6		8	2
					1	3		6
	7			6	2			
						4		8
5	8	1		7			6	9

#108

5			8			4	2	6
	8	6		2		9	1	
2	9				6			5
							7	9
3	7	1			9	6	5	
	6							
						5	9	8
6	2		9		8	1		4
	4	9	1	3	5	2		7

#109

1				3		7		6
7		2	6			9	4	
	9	3	4				1	2
2	3					4		
4	1	9		6				
	2	8	5	4	1		9	7
9		1	3	8			5	4
5	4		2		6	1	3	8

#110

2	1	3						
8	6	7	2	4	9	5		3
9	4				8		6	
	3							
5	9	1	8	6				
				5	3	8		
1	7	9	5	8	6	3	2	
3				9				
4	8	6	3	1		7	5	9

#111

			6	3		7	1	
		6			1		2	8
7	9	4	1	2			3	
			3	7	5		9	
					9	2	7	1
2	7	9		4		1	8	
	3	1		6	8	9		7
6	5		9			3	4	2

#112

		9			2	1	8	4
7	4		9	5	1	2	3	
6	1							7
			4			6		9
1		4	5		9			
	3	6	8	1		4	2	5
4		1					5	2
8	6	3	2	9			4	
						9	6	8

#113

5	6	4	7	9	1	8		
			6	5	8	9		7
			4	2		6		
2		6		4		1	9	
4	1		3	8				
8	5	7	9	1	2			3
6		2	8		5	7		9
3								
					4	3		6

#114

		2	7	3	9		6	8
	1	3		8	6	5		9
	6		2			3		
			6					2
6	9			2	1			
4		1		9			8	
	3	6	9	4			5	1
	7	4					9	
		8		7			4	6

#115

4					7	5	2	
6			2	1			7	
		2	3	5				
2	6		9		5			4
5	9			3	1	2		6
	1	8			2		9	5
7		3	5		6	1	4	2
	2		4	7			5	
9			1		8			7

#116

		9		8	6	2		7
5		3						
6	2	7		3	4	5	8	9
7	9	5			3	8		
				7		1	9	
			9			7	6	3
9	7	6	3	5	2	4		8
2		8		4	1		5	6
1								

#117

	1		2	3			9	
	7	9	1		6			
8			7	9		4	6	1
1	5							8
4	2	8		7	9			
7		3		8	1			5
9	6	5	4				2	
			8			6		
			9		3		5	4

#118

7					3	6	4	2
4	3	6		8	1	5	7	9
	9							
6		7	5	1	9	8	3	4
9	4				6	2		5
3	1	4		7	5		2	8
	6		3	4		1		7
5								3

#119

3	4	9	8	6	1	2	5	
6			3	2	5	4	9	8
2		8						
				8		3	2	9
8	9	3		5			4	1
				3			7	
	8		5	1				4
7		5	6					2
1				7	9			3

#120

8			3	2	1	6	7	
	9	1		6	7			
	2	6		9			5	1
1	6			5		8		3
	8	9	6	1		7	4	5
		7						
				3	9	5		8
9		3	1	8	6			
		8	2	7		9		

#121

		8	3	2				1
1		2	9			3		
	9	5	1		6	8		
					3	9	4	8
5	8	6	7		4			
8	5	1	2	7		4		6
		3		6	8	7	1	
	7		4				8	5

#122

5	2	7			8			
	4	8		2	9	5		7
	1	9					2	4
8	5	4		3	6	7		9
9			7	1	4	6	5	8
1	7		9	8			3	
	6	1				3		
				4	1		8	
			6		7			1

#123

4		1	3	7	2	8	6	5
	6		1	4	5			7
2		7	9	6	8	1	4	
		2	8					6
					4			
			2	5		4	8	
1	8	5		2				
						5		1
	7				6		2	8

#124

9		8	5		4			7
1	5	7		9	3	6	4	
	4	3		8		9	5	
8	3			5	9	2	7	4
		9	6	4	8			3
4	1				7	8	6	
7	9		8	1				5
								1

#125

	2	3	1	6	4			
9	1		8	7	5	2	3	6
6					3	1		
1	4					6	5	2
8				5		7		
				4	6		8	
2		1	4	8				5
5	3		6	1			2	
4	9		5	3				

#126

2			8	3	6	5		9
	8	6	5	2		1		
3	5	9						
			4	7		9		6
					1			8
1	9		6					7
9	4	7	1	6		3		5
	1		3	8	5	7		4
8				4	7	6		1

#127

	6	1	9					
	9	2	4	1		7		8
8	5	7		3	6		1	9
			1	4				
				6	3	9	4	1
	4	9	8		7			
		5			4	6	8	3
9	7	3					2	
			3	5		1	9	7

#130

6					5		3	
5	1	8	3	6				7
7	2			8		6		9
	5		7			3	9	
8	4	9						
		7			6			
	7	1	6	9	4	5	2	8
4			5					
	6	5	8	2	7		1	3

#128

3	4	6			1			9
2	9		6	3	5		4	
1	5	8	9					
	3	2			9	1	7	
	1	4						2
	8	5	2					4
			1	7				
	7	3	8				1	6
8			5		6	3	9	7

#131

6			3	2		4	1	
8		1		6			5	
	4			8	5		2	6
4	3	6	9	1	2	8		5
	7		6		8			
9	1							
					4	7	8	1
1	5	4			6		9	3
	8	7		9				

#129

9	3	5	2	1			7	6
8		7	9				3	1
2	1							5
7		1		5	3		8	9
3	6				9	5	2	
		4	7	8			1	
				2	8	1		4
1						3		
	8	3					6	2

#132

5	7		3				9	4
3	1	6	4	5	9			
			6	8	7	3	5	1
	8		1					
		3				4		9
1	2	7		3			6	
7		1	8	4		9		5
2	9	4					3	
					2	1	4	6

#133

2			4	6		7	9	
	7	1	8	9		5	4	3
9	4	5					2	8
		7	6	4		8		
					8	9	7	6
					3			
	9	6	3	2		4		
		4	5	7	6			9
			9		4		6	5

#134

1	2				7	8	5	6
8	9	5	2	6				
6	7				5		2	9
9					2	6		
	3			5		2		
						3	1	8
2	6	9			1	7	4	3
					6		8	1
4	8		7	9			6	2

#135

	6			9		3	2	1
8	2	5				9		
		1						
6			3	7		4	5	
7	5	2	1	6				9
3	8	4	9	5	2	6	1	7
1	3			2				
5	4	8						
			5	8	3	1	9	4

#136

							5	
1	5	4		9	8	7	6	2
	8	9	2					1
		3	1					
						9		4
6		1	9		4	2	8	
	1	7	8		9	5		6
8	9	6	5					
		5	4		6	1		8

#137

	8	4	5					
		6	8	4	9		1	3
	7	1	3	2			8	
		8	4	5				
		7					6	4
1		2		8	3	9		7
7	2		1	9	8			
8							9	1
4	1	9	2	6		3	7	8

#138

	3							7
6		7	9	2				
5			3	1				8
8	7	4	5	6	1			
							1	6
	6	9	2	3	8	5		
4	5	3	1	7	2		8	9
2			8	4	9	7	3	5

#139

5					4	6		
			9			4	2	1
2	4	3		6	1	8	5	9
			2	7	6			
3	7	6	5		9		1	8
4	9	2	3					
	2		1		5			
		1	6		2	9		
	8		4	3	7	1		2

#140

2		9		6	8	4	3	7
		7	5	2				
6				4			9	
			3					5
1				5	2	9	6	4
	2		6	9				1
	9		2	7	1	6		
		2		8	6		5	3
8	1		4		5	2	7	9

#141

	3	6		8	9	5		
7	5							
					5		6	8
6	4	2	9		7	1	8	
			6		8	2		4
		5	2	4	3		7	6
5	6					8	9	2
			8			4		5
	9	3	5					7

#142

5	8	9	4	7		2	1	6
1		7	6					
	6	3	8			4		
	9	1	2	5				
	2	5	1		7	6	9	8
8	7						2	
					4		5	
	5	6	7	8	2		3	
	3	8			9			2

#143

5	1	4		3	9	6		8
	6	7						
2		8		6	4	3	1	
	2	9	6			4	8	
	3			8	7		6	
			4					5
	4			7	5		3	1
	7	3					4	2
8				4		7		6

#144

	2						5	
4	7	9	5		3	1	2	6
	5	3	1	7	2			
2		5		1	7		6	9
1	4	6				8	7	
	9	7	6			4		2
				9			3	
		8						1
7			3	4	1	5	9	8

#145

9				6	8	2	5	
5		3	2	7		1	8	
			9		5	4		
					7	8		
3		8	6	5	9	7		1
6	5	7	8	1		9		
	2	5	4	9		6		
					1			
7	9	1		8				

#146

6		9		3				
		5	1	4	6	8	3	
1	8	2	3		5	4		
	6	3		9	7	2	5	
	9	7		1	4		8	
3	5	8	6	7	1		2	
7	4	6	9			3		8
9							7	6

#147

	2		8	5			3	
1				7				
8	5	6	3	1		9	7	2
	3		7	4		8	2	
		5			3	7	1	6
9					1	5		3
	1	7	5	6				
		9	4				6	
4		2						8

#148

3	5							
6	1	7	9			8	5	4
		2		6			9	3
				8			1	9
1			6		4			8
		3		9	1	5	4	7
5	3					4	6	1
9		1	8			3	7	
	7			4	3	9		5

#149

				3	4	1	7	
		2	6				3	5
3	1	9	7	5				4
	3							
5			9		2	3		
	9	8	4		3		6	1
	5			1	7		9	
9					6	7	1	
1	8		3			4		6

#150

	3	5		1	7	8		6
1	6	8						
4	7	9						
				2	6		3	5
6					5	4		9
3	5		1	9	8			
7		6	8		1	5	9	4
	9	1	7		2	3		
8	4		5		9			

#151

3	2					8		7
9	8				7	6		
		5	8	9	2	3		
			6					
4				1	8	7	5	9
		9		2				3
2	5	6	1	7	3		4	8
1	4	3			6		7	
			2			1	3	6

#152

8	1		6	7		2	5	
	7	2	5			1		
	4		8	2	1	7		9
		7		5			1	8
1	3	8		9	4	6	2	5
		6		4				
7	8	1		6				
3	2			8	7	5	6	1

#153

	6				8	4		
		9		4				
	8		5	6		1	9	7
	2		7		9	8	3	
		1	6			7	2	9
8	9				3			
	4	5		9	7	3	1	6
9	1	8	4	3	6	5	7	2
7				1				

#154

6			9	4	1		2	3
9			8			5	6	
								9
3		6				7	9	4
7	2	5		9		1		
8	9		3		7	2	5	6
							8	
2	7	3			8	9		
	8				5	6	1	2

#155

9	8	4						6
	6	2		9			5	
3	7		4	2	6	1	8	
6	1	7	2		4	5	9	3
8					5			1
5		3		6			7	
	9			4		3	6	5
					9	8		
			8	7	3	9		2

#156

7	3	8				4		9
6	5		3	7	4			
			8					
5								7
4		3	6		5		8	
				8	7	3		5
8					2	9	1	4
1	9	7	4	5	6		3	2
3	2					5	7	6

#157

				9				2
9	5			4	3		6	7
								1
7	8	6	2				5	
	2		7	5	4	1	8	6
5			9	8	6			
		5	6		8	3	1	
8	3			1	9	6	2	
	9				5	7	4	8

#158

3	6	1	8	5	7	9		
			3	4	9		6	
		9	2	6	1	3		
			4	1				
		3			8			6
5	1	7		9		4		8
6	9	4		3	2			
		8		7	6			
					4	6	1	9

#159

	3		6	8			9	4
				5	3	2		
1	5			9	7	3		6
	7	9	5	1	2	4		
5	1	8	7	4				
6	4		9	3	8			
						7	2	
9		3					1	
						8		9

#160

	2	1	4		3	7	5	8
3	8						9	1
5					2		6	
8				3	4	9	2	
	4		1					
					9	1	4	
9	7	6	3	4				
4	3	2	9			8	7	
				2	6	4	3	9

#161

			8	2				
		1	6	3	5	9	8	4
8	9	3	4		7	2		
9	3	2	1		6			7
		5		7		8	3	9
4		8	5	9			1	2
2		7	9		1		4	8
		9	7			5		
								1

#162

4						3	7	5
3	6		8				2	9
	2	5			7			6
	5		1	7	3			
	1	2			4	7		8
			2			5	6	1
6		9	4					
				1				
5	3	1	7	9		6	4	2

#163

5	6	3	8			1	9	
9	2			1		3	4	6
	1				6		2	5
		6	1	2	8	7	5	9
					3		6	1
2						4	3	8
6		5						4
3	4	9	5		1	6		
					4			3

#164

6	5							2
		9		7		5		
7		8	5		9	6	1	4
9		7	3	6	4		5	
		5		1	8			
	1	4		5	7	3		9
		2	7	3	6	9	4	
		6		9	5	2	3	1
					2			6

#165

2	9	7	8	4			3	
4	6							
3	1	8		9		7	6	4
								3
	3		9	7	4			
					2	6		
	7	2	4			3		
9	5						4	6
8		1	6	2	3	9	7	5

#166

		6	7	8	3	1	2	
	2	8		9		5	4	3
3	1					6		7
1	7	3			5	4		
			3	2	9	7	5	
2	9	5	1	4				
8			5	7	2	9		
4	6	7	9					

#167

				7	8	5	6	4
8	2	4	1		5	3	7	9
	5							
9	4				2	6		3
		7	6	9		4	2	
		3		5				8
1		8						5
4			5	1	7	8	3	
6	3			2	4			7

#168

1				5				
	6			1	3	8	2	5
2	5			9		1	3	
3		5				4		1
4			5			9	7	
7	8	1						
		9	1	7	8		4	
8	1				5	6	9	
	7		6	4		3		8

#169

	5	8	2		7			
		3			4	6	2	
6	4	2			1		8	7
					3		1	
	1	4		8			9	
				1	9		5	2
2			7	3	6	9	4	
4	6	5	9		8			3
9							6	8

#170

5		1		7		8	3	
4		3		1		2		
				6	4	1		
					6	3	7	
3	7					9	4	5
9			7	5	3			2
			2		9	5		3
2			6		1	7		8
1	8		5	3		4		6

#171

				7				
	1	4					5	7
5	7	3	9			1		
7	8	9			2			4
3		5				8		
		6	4	5	8		9	3
6	5	1			9	3	7	8
2			5					6
4			6	3	7			5

#172

			6	4	5		1	9
4	1		2	8	9	5	3	6
			7	1	3	2	8	4
						6		
	2	1	8		6			
			9	3		1	5	2
8	6		1				4	
			4	9		8	6	1

#173

9	7	4			3	6	1	
1		5	6	7				8
6		8		4		3	7	9
		7	9			8		
2			7		8		9	
				2	4	1		
		6						4
3	8	1			5	7		2
4	5		8			9	3	1

#174

6	9	3			1			
	4	8		2	7	6		
7			9	4		5		
3	8		5	1			2	6
9	6	1	7	8			5	4
4	2	5	6					
2			4		8			
	7	6			9			
				6	5	8		

#175

			7	9				3
	4	3	2			9		
6		9		4	1	8		2
							8	4
9		7	5	2		6		
	2		1					9
		1	8	6	2		4	5
8	5		4	1				6
				5	7	1	2	8

#176

3	2	5				9	1	8
8	6	1		5		4	7	3
4				1			2	
		7	5					6
	9	8						
		3	9		4	5		7
		2			6		5	9
1	5						3	4
9	3				5	8	6	2

#177

5	8	6				3	1	4
		2			5		6	
3	9	7	6	1				
7	3			5		4	8	
		8				6		
2			8	4		1	3	5
				9	1	8	4	3
						9	7	
	1	3	4	7	8		5	6

#178

9			4	5		6		2
		3	9		6	8	5	1
6	8	5			2		7	
			2	8	7	5	9	3
	3	2	5	6	9	1	4	8
5	9				1			
2	4	9	7					
	7	6	8		4			5

#179

					4	1		
3	6							
		2		3	7			
1	3	6	7		5	4	2	
8			6	4		3	1	5
5	9	4	3		2			8
2	5		4	7		8		
		8	9	5	3		6	
				2		9		7

#180

		1	3				4	2
7	9		5	8				1
4								7
8		4		2		3	9	
	5	6		7	3	2	1	
		3						
6	8		1	4		5		3
2					5			
	1		8	6				

#181

3			8	9				1
	9		2	3	5	4	7	8
							2	
	6	2	7	1	9			
								7
		1				2	4	6
		9	1		2			4
2	1			7		8	6	9
7	4	3	9		8			2

#182

8			5	4			3	
9	6			3	2	4	7	
5	4	3	1	9	7	8	6	2
	2			1	4		5	8
	1	8	7			3	9	
				8		6	2	1
	3		2	6				
	9	6	4	5	8			3

#183

	3							2
	6	2	5	3		1	7	9
4	7	1	2	6				
			1	8	3			
	8				7	2	9	1
7		5	4				3	
6		3	7		8		5	4
9						8		6
	5	8			6		2	7

#184

5				6	1	9	3	4
1		7			2			8
6			4	8				2
		8	6					
					8	7	5	
9	1	5		7	4	8		
8				9	3	2	1	
2	5	1	8	4	7	6		
3	7		1	2				

#185

6	9	8	7	4		2		
2	3	5	9		6		1	4
				5	3		9	8
9				2				
8								
5			8	9	4	1	2	3
7		4	6	3		5	8	1
3			4			9	7	2
		9					4	6

#186

8			9	5	1			
		9	2	8				
1	5	2	7					
	9					2	8	5
5	6	8		2	7			3
	3	1		9	8		7	
	2		1	6	9	5	4	
4	1	5	8					
	8	6	3		5			7

#187

2	5	7	1	9	4	3		
			6	7	2	5		9
7	4	6	3	2				8
1	2	5	4		9			
8			7	5	6		4	
			8	1		4	6	3
6							9	1
4	1		9	6	3	2		

#188

		1	2			3	9	
		8	4	3	6	1		2
6	2	3		1		8	4	7
	6		8	4	1	5	7	
4				7		9	8	1
	1				3			4
	8	2	7		5			9
1				9			2	5

#189

3	9				1	4		
8	6		3		9	2	7	
			7		5		9	6
1			4	3	2	5	6	8
2	8					1	3	
	2		5	9	8	7		3
7				2	3		1	9
	3		1	7	4			2

#190

4		8			5		1	2
3	2		4	8	6	5	9	
6				2			3	4
8		3		4	7		5	6
				1		7		3
5	7	2	9	6	3		4	
				9	1	3		
			8	7	4	2		

#191

		3	1	7	4		2	
9	8		6	3	2			
1						4	6	3
	6			4	1	5		2
8	4	1	2	5	3	7	9	6
5	3		7			8		4
			4		7	2	8	9
			3		5	6		7

#192

1	6	5		4		8	2	9
	3			6			7	
	4				1	5	6	
2	5	1	4					
	9	3		2	5	4		
4	8						5	2
	2	4		3			8	
	7	8	1				3	5
3	1	9	8		2			7

#193

7	8	4	5	1	3	9		2
9				4				
2					9	4	3	
		3	7	8	1		2	
6	7	8	3					
								3
	1	5	8	2	4	7	9	
	6							4
4	2	7	9		5		8	1

#194

4					7	3	1	5
		2	8			6	9	4
5	1	9	6			7		
			3		6	5		
			9	7				
				1		9	8	
	8	3	5	6	9	2		7
				3	8			6
7	5		1	2	4		3	9

#195

8	5	6		3	7			1
			8	1	2	7		
7	2		5		4			
9		5	4	2				8
						5	7	4
4	1					9		
5								
	8	9	2				6	7
6	4	2	3	7	8	1	9	5

#196

1	6	7		9				
	8	5	6	4	3			7
				1	8	5	9	6
6	1			2				
	5			6	7			
		4	1	3	9	6		
8	3	1						4
4	7	6		8				
	9			7	1	3	6	8

#197

2		1						
	7	5	2	3				4
3	4	6	7	1	9		5	
6	9	4	5		7	3	1	8
	3	2	1		6	9	4	7
			4	9				
		7			2	4		
						6		
4	5					2	7	9

#198

5	8	1	2	4	6			
	9	3	1	7	5	2	6	8
	6			9	8	4		1
			8		4		7	
9	4			2	7			3
		8					2	
3		5	7					6
8		4	6	1	2	5		
						7	8	2

#199

9			8	1	6			
	8	3	2					
			4	7	3			
		5	1	3		7		
3	6	9		5		4		
	4		6	2			8	3
7	9				2	1	4	
2	3	4	5					6
6	5			4		2		8

#200

1	4	3	8		9		7	6
	8							
		2				5	4	8
				8	6	1	2	
	2	6	5	7	1			9
3	6	8		2		4	1	7
		4		6	8			3
		1	7	3	4			2

#201

7				5	9	8	3	
					7	2	4	
4	6			8	2	7		1
3	8		5		4	9		2
6			2		8		1	3
9	2	4	7		1	6		8
2			1	7				
			9				2	7
	7				5			

#202

3					2		8	9
5	8	9			6			2
		2		9	8	5	7	6
	9	3		8	7		1	
	2	8			1			3
	5	1	9		4	7	2	
	3		6	7	9			1
				4				
9	6	7	1					4

#203

6						8		
	5	3	8		4	2	7	1
	8	7			5	6	3	
			6			1		9
				3	2			8
		8	5		9	3	4	
								6
3	1	4	9	2			8	7
5	2	6	7	4	8	9	1	3

#204

		4	1	6	5	8	7	2
6	7		4	3	8	9	5	1
8	1	5						
			3	1				
						4	1	
		1	8	7		6	2	
		9	2		3		6	4
		8				2		5
3	2				7			9

#205

3		2	4			6	9	
6	1	4	9					
				6	2		4	
		8			9	7	3	5
				1			6	
	6		8	5		2	1	4
8	2	1	3	4	7	9		
	9	6	5	8			2	
	3		2	9		1		7

#206

	8	6	3	9				4
9	4	2		6	5	8		1
7	1	3	4	8	2	9		6
4			2	7	3	1		
					9		4	2
2	7	9		4				3
				2		6		
6	2		9		7			
8		1						

#207

	5	4				2		
	7	2	1		9	6		
								4
2	3						6	
	6	1	5		2			
5	8	7		9		3		2
8	1			7	5	4		6
9		6	4		8	5		7
		5	3			9	8	1

#208

8					2	5		
			9	8	4	1	3	6
4				3	5	8		7
3	4	5						
7		9		4		3	5	
			7	5		6	4	9
9	5		4	1			6	
	3						1	
1	7	4			6		8	5

#209

2			1	3	4		9	
8	9			7	5	2	3	
		6	2		9	4	7	
					8	5		
	6	8	5	9		3		4
1		5	4	2	7	8		9
					2			
			8			9	4	
	2	1	9	5	3			6

#210

	5	2	1	9			4	7
4		1	5					
					4		1	2
9								4
		5				8	6	1
1	7	3		4	8		9	
3	1		7	8	5	4		6
		8	4	1	2	9		3
7	2	4	3					

#211

8						7	4	9
2	6	5	4	9	7	1		8
	4		3		8	2		
	7	4	2		6			
		3		8	4		7	
5	8		7			4	1	
4	5			7				
			6	2	5		8	
		2			1	3	5	7

#212

9	1	2	6	4	7		8	
		3	2			4		1
8	6		1	2	3		4	
	3	4			9	8		
	9	1	8	7		3	5	
3	7	6		1		2	9	5
	4		7	3		1	6	8
							3	4

#213

	6		1	4			9	5
	5			2	3			
1		4	9	6	5	7	2	
					9	6	4	
		2				1	3	9
9	1	6	4	3			8	
						2	7	4
3	4						6	8

#214

3	8	4		2				7
5	7	1	6					
		6	5	3		4	8	1
6		9	2	5			4	
				9	1	5	2	6
4		2	3			8	1	
	2							
			8	6	2		9	
				4	3			

#215

8							4	3
		4	9	3	8		5	6
9		5	4		1	2	8	
	9	6	8	7	2	3	1	5
5	8	7						
	1			5	9	4		
						7		
		9	2	8	4	5		
	5	2	3		7		9	4

#216

1	7			3	6	2		4
	2			1	7	6	5	
			4					
2			3	7				
	3						8	2
8		9	1		2		3	
3		7			1	4		9
	6		7		3			
5	1		2		9	7	6	3

#217

7	4	2	6	3				8
5	3	8	1			4		6
6	9	1	4					
		5		6				
		7					8	
		9	5	8	7	2	4	1
8					3	7		
9	5				6			2
1	7	3	8					9

#218

7	4	9	3					8
	1	2	6	8				
	6							2
				3		7	8	
9		3	7		6	1	2	4
1	2	7						
		1	9		4	8	5	
8	9						4	6
6	3		5	2			7	1

#219

7	9	5	1					
	4	1				5		7
6	2		7			1		
1	8				9	6	4	3
4	6			3	1	2		
	7	3	4	2				1
	5	4	9	8	7	3		
		6	3	4	2			
								2

#220

8			4	2				
5	7	4	9	1		2		6
1	9	8	2		6			3
	3			9		5	1	8
4	5		3	8				
							3	9
3				6		1	5	7
7	1	6	5				2	4

#221

	5					6	3	1
6	8	3				5	9	2
		2	3	5		7		8
				4	1	8	5	
				7				3
5	7	6						
	9	4		6		3		
				3		1	8	
7				8	4	9	2	6

#222

9				4	1	2	8	5
1		2	9					
	6	8			3			
		4	3					
				6	9		1	4
6		5		8	7	3		9
	5	9		3	2	7	6	8
3		1		9	6		5	2
	2	6						3

#223

8		3	2		4		1	
7			6			4	5	
	4	5	1					
					6	8	3	1
3			4	1	9			5
		2	7	8	3			9
5			3	4	2		9	8
		4		6	1		2	
		8	9	7	5		6	4

#224

		5	8				4	
8							2	6
	3	2	4			5	9	
		1	7	8			3	9
		3		9	6	1		4
5		6	3		4			
		4	6	7	8	2		3
2	6		9		1	4	8	
					2			

#225

7	4	9	3	8	1	6		
5		3	2					
								1
8			9				2	
			1					
2		7	8					3
1	5	2	6		9		4	8
9		4	5	1		2	3	6
					4	9		5

#226

3	2	7	9	1	8	6		4
	9							
8		4	7			9	2	1
7	8	3	1		2	4		5
			4	3	7		8	9
9			8	5	6			
	3	8		2	9			7
5	6	9						
						3	9	6

#227

2		3	1		8	5		6
	1		2		6	4	8	7
8	6							
9		6	3			7	4	
	4	1	9					2
7	8	2		6	5	9		3
		7	6					9
1	3			9		2	6	

#228

3		6	7	4	5	1		
	1	9	3				5	7
5	7	4	1		9			
		2		1	7		8	5
4	5				3	6		
	9	8			2			
				7				4
		1		3	4	2	9	8
8	4	5						1

#229

9	3	7			2		1	
		4	3	1	9		8	7
					5	4	9	
				9				4
	1		5	3	6	8	7	2
			4	7	8		3	1
		6	1	5	4	7	2	
	8	1				3		9
	4				3		5	6

#230

7			1		2		9	4
5		8	9		4			
1	4	9				2		3
2	1		8	4	9	7		
8	9	7		2	6			
	7	5		9		6		2
4	6	2	7	1	5			9
		1		6	3		7	5

#231

				8	5			9
	3					5	8	4
	5				1	2	7	3
5	8	2		9	7		3	6
9	4		5	3		8		
			8	1	2			5
6	9	5	2					
	7		1	5	3		6	
3	1	8	9					2

#232

6		3	5	4				
	4	7				3	5	
9		1	3	6	8			7
1		2		9		6	7	
	8							
4	7			1				
	9				2	7	4	
			4	7	1	9	3	8
7	1	4	9	8	3	2		5

#233

3	1			9				
4	6				7			9
						8	1	
8	4	5	7		9	3	6	
6	3						7	8
2	9	7	3	6	8	1	4	
		3	9	7		6		4
			2	4	5			
			6					1

#234

8	4	2	7				3	1
1								
			1		5			2
								5
5	2	4	9	7				6
3		8	6	5	4		2	7
6	9	7	5	4	2	8		3
4		5	3					9
2		1		9	6		5	4

#235

	5	8	1	2				4
	4	6			7	8		
2		1	8	6		9	5	3
			7	1		3	8	
		2		8	6	5	4	7
		7						
8	6					4		5
5	2			3	1	7		
7	1				8	2	3	9

#236

3					5	8		
5		8					2	
1	7	2					5	3
6	5	7		2		9	1	
4				6	1		7	
2	3		9	7			8	6
8	6	3	4	5	2		9	
7	2	5	1					
	1				7	2		5

#237

			4		8		7	5
6	7	8	9	1	5	4	2	
				2	3	6	8	1
			8		1			7
	8	2		3			5	
	5	3						9
8	3	4						
		6	3	4	7			8
			1	8	2	3	4	6

#238

4								3
5		3		6	4		2	
			5	3	8	6		7
3	5	4	2			7	8	6
7	2		4			5		9
	1	9	6	5	7	4	3	2
		8	1	9	2			
			8	7	6	1		

#239

	6	5		9	7	8		3
9			3	2			4	
	7				1	5	9	
	9							
7	5				4			
		1	2	7	9	6	5	
	4				8	2	7	
		7				9	8	5
	8		7	5	2	3	6	4

#240

8	1	4				6	7	3
	6		7	3		9		
			1	6	8	4	5	2
1		8	6	7			4	
6	5	3	4	9		7	1	8
9	4							
	3	6		8				
4	9	1	5					
					1			

#241

6								8
3			2					
		5			3	1		4
			8	4	6	7		
4						8	3	9
		8	7	3	9		4	
	3	9	4	6		5	8	7
2			3					1
	5		9	8	1			3

#242

	3		6			5		
	7		4	3	9	8	1	2
8		9	5	1				
		3				4		
		4	3		5	7	8	
	5			6				
	4	2	1	5	6	3	7	
5			2	4		9		1
3	1				8	2	5	4

#243

		2			9		4	8
8	1					9		7
7	3			8	2	6		
								6
4	6	8	1	2	7	5		3
	9	5	8	6	4		7	
9					1	8	3	5
1	8		2			7	6	
							1	9

#244

		7	4	1	6	8	3	9
9				5			1	2
	4					5	6	7
1		6	5					
7	9	8	1	6	2		4	5
					8		2	1
6				7	9			4
		9				2	7	3
3		5	2	4				

#245

	3	8			9	4		
	7	1				8		9
2	9	4	6	7		1	3	
8	1				6	3		
		2	7			5	1	
4	5		2	8				
1			8	2		7		
		9	4			2	5	
7	2			1				

#246

		6	3	1		5		9
9			8	6	5		4	3
3				7	9		8	6
6	8	9	7	5	2	4		1
			1		6		5	
			4				9	7
	6	2	5	4				8
5		8	6			3		
1								

#247

5	4	1		7		6	3	
	2						1	5
6			5	1		2	4	7
3	8	7	4	9		1	2	6
				3	2		7	9
			1				8	
9		2	3	5			6	1
4	1	5				8		3
				9		1		

#248

8	6		1	4	7	2	5	3
	5	3	2	6				
							9	
9		2		3	5	7		4
5		6	7	2	4	1		9
4	8				1			
		8	5		6	4		2
6	2					9		
3	4			8		5		6

#249

			9	1	4	8	5	3
	5	3	7	6	2			
4	1				8	6	7	2
	8	4	6	9	1		2	
2						4	6	7
								9
1		7	8	4		3		
		6	2	3	5			

#250

	8	3	1	2	6	9	4	5
9	1						6	3
2	6	4	5					
3				7	9	8		
	9	2	6	5	1	3	7	4
1	4	7	3					6
4								
					4	2	8	
6			8				5	7

#251

	4			8	2			7
5	3		9			8	2	
8	2	9		1	3	6	5	4
	7	4		2	5			
					1			9
	5		8					
		2	1	5	6			
		8				7	1	
4	1	5			8	2		

#252

1		5						
		2		1	5	3	6	7
7	3		2				5	1
	1	4	8	3		5	9	6
3		9	1				4	8
8	5							2
6	7				3		8	
5				7			6	1
4							7	5

#253

		6	3		9		8	
8		4				1	5	9
	1	9	4	8	5	3	6	2
	6							
			9	3				7
9	7	8		2				3
6	9	3	2					5
1	4	7	8		3		2	
	8	5	6					

#254

		8			6	5		2
3	5	6	2	1			4	
2	7			8		1		
		3	4				2	5
8			1	7		4	6	9
9		7				3	8	
5	3	9	8			2		
	6			3	7	9	1	
								3

#255

	4	6	1					
			8			7	6	9
8				7				3
1	7		2	3		6	5	4
			5					
	5	2		1	8	3	9	7
2		3	7		1	9	4	5
5	9	1	3			8		2
4		7				1		6

#256

	6	5	3	4				
		2	5	1	6		9	4
4		1		8	7	5		3
	2	4		5		8	7	6
5						4	1	9
		8	1	6				5
			7	2		3		1
				9				
		7			1		4	8

#257

			9				7	
9	6						5	2
	5		3	6	1			
3		9		2				
		6				3		7
	4	5	6			9	2	
			1	7	6			5
6	9	2	8	4	5	7	3	1
5		1		3			8	6

#258

	9	3				6		8
				8	2	7		
8	2			7	3			1
5				2	7			4
2					1	8		9
1	8	4			9			2
	1	7			5		8	6
3		2	7				4	5
9		8	4	3		2	1	7

#259

1				6		8		
3		5	8	1	7	4	2	9
	4	7				9		
	5		6	8			7	2
6	1	2	9		3	5	8	4
4	8							
			2	4	8	7	1	
	2	6	5	9		3	4	8

#260

			6		2		7	4
5					3	6	8	2
2	6	1		4	7	5	9	
3	7	9	1	6	4			
1		4		2		9		
6			5	3	9	7		
			4	9	5	3	6	
4		6	3					8

#261

6								
	4			6	3	2	8	7
1		7			8			
8				1		3	2	5
2	1	6	3	8	5	9		
			4					
		1		4	7	5	6	2
4	6	8	5	3	2		9	
	5	2		9	1			3

#262

1						6	8	2
6		4	5	8	1	3	7	
			3	4		5		6
			7	2	6	9		
				1	5	7	4	3
7	5		1	3				
4	8	1	6	9	7	2		5
2		9						7

#263

2	9	5	1	4	8	6	3	7
	1	7	2	3	6			5
8					5		4	
1	5		6	8				
							8	6
5		6	7	1	4	9	2	3
3				2	9			
	2		8	6			5	4

#264

2	7	3			4	5	9	1
9	5				7	4		
4				2		6		3
1			9		3	8	6	7
6		7	1		2		5	
3		5	8	7		1		
	3	9	4	6				
		2	7		1		8	
					5	7		4

#265

9		2		4	1	3		
		7	6	2	3	5		4
5	3			9			2	
		1	4	3				
				8	5	6	3	2
3	2		7			8	4	1
1	4			5		7	6	9
2	5							
		9	6	3	1			8

#266

6	7			4				
9		1	5		6	8	7	
8	4	3	7		9	5	2	
4				5				1
7	5					9		8
			6	9	3	4	5	
1					2			5
5			3	7		6	8	
3	6	2	4					9

#267

		5		1	8	2		9
1	9				2		6	5
			9		5	7	3	1
7		4		9	6			
		9	8	5		6	7	4
8			3	4	7	5	9	2
		2			9			
5			6	2				3
9			5		4			7

#268

2		9	1	5	7		6	4
	7		4	6	3	2		9
5			2	8		1	7	
	8		3		4		2	
4	5			7	8			
9	2	5	8		1	7		
		6						
	4		6		5			2

#269

5	1	8	7					3
7		6	2	8	4		5	
9	4			3		8		6
	6	4			8	5	3	2
	8	9	6		3	4		
			4		5			
6	7	5	8					
	2		3		7			

#270

			6	7	8	1	4	
7	5	1	4	9		8	3	
	8			5	3	2	7	9
								3
3	4		7	6				
2	6	5				8		
		1		4				2
4		3		1	7			
		7		8	6		1	4

#271

				5		1		
	4	7		9			5	6
3	6	5	7				9	
					3		6	5
5	8			6	9			
	9					8	2	3
8		4	5	2		6		9
	5	2	9			4	7	1
7			6		4	5		2

#272

7		1	9	8			4	2
6	8				2	7	3	1
3		4	7					9
	6	8	5	9		3	2	7
2		5	6			8		
		7	2				5	6
	7	2		4				
	9			7	5	2		
			8	2			7	3

#273

4		6	2	9				8
	9	1	5	7	4	6	2	3
	7			8	1			
9	1	7				5		
6			9	4			1	7
3				1	5		6	9
7	6	2				8		
		9		2	7		5	6
		4						2

#274

4	8	3		7	9	6	1	
7			3	1	8	4		
6	7			2	1			3
5							9	2
2	3	8	7	9	4		5	
1	2			5			3	8
				4			2	6
					2	5	7	4

#275

	9	7	3		8			2
2	3	5	6					
	8		2				3	
	5	4				9	1	7
1				3		2	4	8
	7	2		9		6		3
	4	6			3			5
				4				6
9		8		2		3	7	4

#276

4				1	6		7	
				4	2		1	3
1	6			3	8	2		9
						4	2	
	1							
	2	9	1			3	6	8
2	5	7	8	6	1		3	
3	8	6					5	2
9	4						8	6

#277

1	3	8		4	2	7		5
	5	7						4
4	6				5	8		2
	8					4	9	
	4	3	2					1
7	1	5	4		3			
	9	4			6		5	
	2	1	7	3	9	6		8
				5	4	1		9

#278

3	6	7			8	1		
	2		4				5	7
	4	5			2	9		6
		1	3	6		2		
		2		1				
		3		8			1	5
		4	5					9
	5	6	8	9	3	4		1
9	1	8	6		7		2	3

#279

1	5	2			8		6	7
			2	3	6	1	8	5
		3	8		4			
	6			7	5			1
	7		6	9		8	5	3
2	9		4	8	3	5		
6	1							
8		5	1			9	2	4

#280

5						7	2	
4	8	9	6		7	5		1
7	1		4		5			9
9		3					5	
		7	5			8	9	
	5	8	7	9	2	3		6
		5			4	2		8
8	7	4						
				6	8		7	5

#281

3	9							
		2	3	6	7		1	
	1	4		9	8		2	7
8				7	2	5		4
		6	9		4	7	8	
7	4	1	8	5		2	9	
					9			
9						6		8
1		8	6			9	3	2

#282

	8				4	2	5	6
	9		5	8		4		
					6		4	
		8	2	4			6	7
	3		9	7			2	
		1	4	5	7	6		
	4			6	9	5	1	2
5		9	1	2	3	8	7	4

#283

	3	7		5	4		2	8
1		2	7		3		6	4
4	8		9				7	
3		4			8			5
	7	8						3
		1			9	6		
7	4	6				8		2
8	1		5	4				
5			8	6	7	4	1	9

#284

			9	1			6	
1		7	6	2	4	5	8	
9					8	3		
8		5	2					4
		6	7	8	5			
		9	4				7	
	5	8		4	2	1	9	7
7	4				6	2	5	8
2	9							6

#285

	6	8	4	5	7		2	1
4	2	1	8					7
	7	3	1		2			9
6		4	2					
				3	1	7		
						6	9	2
7	8	6		4				
2			3			9	7	
	1	9	7	2		4		

#286

	2	7		6				3
		9	3		5	2		8
		8	7	2	9	4		
			8					2
5		2	9	4	6	1	8	
							3	4
8			6				2	9
6						7	4	5
2	7	3		9	4			1

#287

3		1	4					
	6	8	3		5	1	9	
							8	
				3			7	9
1	7	6			4	2		
		3	7	6	8	5		
	1	9	5	7	3			6
			2	9	1	8		
	2	7	8		6	9	1	3

#288

3	9			5	7		8	6
8						5	4	9
6	5	1	4		9	2	3	
	7				4	6		
			3	9		4	7	
9			8		6			
	8		1					4
	3	6	9				5	
		9	7	6	5	8		3

#289

6								3
	3	9		5	7	6		
	5					2	1	7
7		2			6	4	9	5
4	9	1						
	6	5	4		8	1	7	2
5	4		6		9			
		3		7	1		4	
	7	6			2	5		

#290

	9	6	4					
						1		
7	1	4	2					
1	8	7	9	5	4	6	3	2
6	2		7		3			
				2	6		7	5
			8	6	1		9	7
			3	7		2	8	4
8	7			4	2			1

#291

	1	3	7	2				
4	9	5	1	6	8		2	7
		2	5		4	9	6	1
8	2	9	4			1		
5	7	1	3	8	2			4
3								2
	4		2	9				3
			6	5	1	4		

#292

	9	3	1	2				
		8	3	4	7		6	9
1	6							7
				6		3	9	8
9			5	3	4			1
		7	8		1	6	5	
5	4			7	9	8		
8	7	9	2	1	3			
	3			8			7	2

#293

5	3			1	9	6		
	1			2	3		9	4
2	9	7		8	4	1	3	
				5	6		4	
1	6		2	4				
7	4				8	2	1	
				3	5	4	6	1
							7	3
3	5						2	8

#294

			1	4		6	9	
3			6	2	9			8
7	3			8	2			
5	4	1	7	9				3
	8						6	5
1					5			
2	6	3				1	5	9
	5	8	9	3	1	2	7	6

#295

		1		7		5		
5			3	4			6	
9			1	5	2	7		
				2	8	3		
2		9	6				5	
	3		5	1	4		2	
	2	7					3	6
	9		2		3	1		
6	5	3		9		2	8	4

#296

5		1			6			
				8	1	7		9
8		2	5	9	4	6		1
		3	8				6	
							4	2
			7		2	9	8	3
3	5		6	1	7	2		
7	2		4					
1		4		2	8	3	7	5

#297

4	5		6	9	7			8
2	3	8			4	7	9	6
	9							
		9	7	3	6	2	8	
5								7
6	7	2	8			9		
		4			3	5	6	2
3				8	2	4		
								1

#298

						3		
9			7	3	5	8		6
	7				1	9		2
	8		4				7	
5		4	8	1			2	9
7			2		3	5		4
				6	2			1
3	2		1		9			
6	9	1			4			8

#299

1	5		4		6	2		
	4	9	7	5		3	1	6
8		6						
			6	8	3			7
7	8	4	9		1	5	6	
	1							
								9
4	6	2			7	8		5
5					2	6	7	1

#300

3	6	8	7	4	2	5		1
2	7	5		8		4	6	3
1			6		3			
		3	4	2	1	6		
		7	9	6	8	3	2	
6								
				9	4	8	1	
8		1		3				
	2	9			6			5

SOLUTIONS

Your voice is important:

Please support us and leave a review!

Copyright © 2020 by SBRT Notebooks
All rights reserved

#1

4	9	3	6	1	5	2	7	8
1	7	8	2	4	3	5	6	9
2	5	6	8	7	9	3	1	4
9	2	4	3	8	1	6	5	7
6	3	5	7	2	4	9	8	1
8	1	7	5	9	6	4	3	2
7	6	2	4	3	8	1	9	5
3	4	9	1	5	7	8	2	6
5	8	1	9	6	2	7	4	3

#2

9	6	8	4	5	7	3	1	2
1	7	2	8	6	3	5	9	4
4	5	3	1	9	2	6	8	7
3	9	1	2	8	4	7	5	6
2	8	5	6	7	1	4	3	9
6	4	7	9	3	5	1	2	8
5	3	9	7	4	8	2	6	1
8	1	4	5	2	6	9	7	3
7	2	6	3	1	9	8	4	5

#3

9	1	8	4	5	3	6	2	7
5	2	6	8	7	1	9	4	3
4	7	3	6	9	2	8	1	5
6	9	1	2	8	5	7	3	4
2	4	7	9	3	6	5	8	1
8	3	5	1	4	7	2	9	6
7	5	9	3	2	4	1	6	8
1	8	4	7	6	9	3	5	2
3	6	2	5	1	8	4	7	9

#4

6	3	9	1	7	5	8	4	2
2	4	7	3	6	8	9	1	5
8	5	1	9	2	4	7	3	6
4	2	5	7	8	3	1	6	9
3	9	8	2	1	6	4	5	7
7	1	6	4	5	9	3	2	8
1	7	3	6	9	2	5	8	4
5	6	4	8	3	7	2	9	1
9	8	2	5	4	1	6	7	3

#5

4	8	3	7	1	5	9	6	2
7	6	9	8	2	4	1	5	3
1	2	5	6	9	3	7	8	4
5	4	6	1	7	8	3	2	9
9	1	2	3	4	6	5	7	8
3	7	8	9	5	2	6	4	1
6	9	4	2	3	7	8	1	5
8	5	1	4	6	9	2	3	7
2	3	7	5	8	1	4	9	6

#6

6	9	3	2	8	4	7	5	1
4	7	2	5	6	1	3	9	8
8	5	1	7	3	9	6	4	2
2	3	9	1	5	8	4	6	7
1	6	4	3	2	7	9	8	5
5	8	7	9	4	6	2	1	3
9	1	8	4	7	2	5	3	6
3	2	6	8	9	5	1	7	4
7	4	5	6	1	3	8	2	9

#7

5	9	7	6	2	8	3	4	1
1	4	6	9	7	3	2	5	8
8	3	2	4	1	5	7	9	6
3	8	1	7	5	9	4	6	2
2	6	9	1	3	4	5	8	7
4	7	5	8	6	2	9	1	3
9	5	3	2	8	6	1	7	4
7	2	8	5	4	1	6	3	9
6	1	4	3	9	7	8	2	5

#8

4	3	5	8	2	1	9	6	7
9	7	2	4	6	3	1	5	8
8	1	6	5	9	7	2	3	4
5	8	1	9	3	4	7	2	6
2	6	3	1	7	8	4	9	5
7	4	9	6	5	2	3	8	1
3	5	4	2	1	6	8	7	9
6	2	8	7	4	9	5	1	3
1	9	7	3	8	5	6	4	2

#9

4	9	2	6	8	1	5	7	3
8	6	5	2	3	7	1	4	9
3	1	7	5	4	9	8	2	6
7	2	4	1	6	5	9	3	8
6	5	3	9	7	8	4	1	2
9	8	1	3	2	4	6	5	7
1	3	9	7	5	6	2	8	4
5	7	8	4	9	2	3	6	1
2	4	6	8	1	3	7	9	5

#10

8	9	4	3	1	6	5	2	7
3	2	7	8	4	5	6	9	1
6	5	1	9	7	2	3	8	4
1	7	8	4	6	9	2	3	5
5	3	9	7	2	8	4	1	6
4	6	2	1	5	3	8	7	9
2	1	5	6	8	7	9	4	3
9	4	6	2	3	1	7	5	8
7	8	3	5	9	4	1	6	2

#11

1	4	6	8	9	2	7	3	5
5	7	3	6	4	1	2	9	8
9	2	8	3	7	5	6	4	1
4	6	9	2	3	8	1	5	7
2	8	7	1	5	9	3	6	4
3	5	1	4	6	7	8	2	9
7	3	5	9	1	6	4	8	2
6	9	2	7	8	4	5	1	3
8	1	4	5	2	3	9	7	6

#12

4	5	7	9	8	3	1	2	6
6	2	8	4	1	5	7	9	3
9	3	1	6	2	7	5	8	4
2	6	9	8	4	1	3	5	7
1	7	3	5	9	6	2	4	8
5	8	4	7	3	2	9	6	1
8	4	2	1	7	9	6	3	5
7	9	6	3	5	4	8	1	2
3	1	5	2	6	8	4	7	9

#13

2	6	9	3	8	5	1	7	4
7	8	5	9	4	1	6	3	2
3	1	4	7	2	6	8	5	9
9	2	6	8	7	3	4	1	5
8	4	1	5	9	2	7	6	3
5	7	3	1	6	4	2	9	8
6	3	8	4	1	9	5	2	7
4	5	2	6	3	7	9	8	1
1	9	7	2	5	8	3	4	6

#14

5	7	8	3	4	1	9	2	6
4	9	6	8	7	2	1	5	3
3	1	2	9	6	5	8	7	4
2	5	3	1	9	4	6	8	7
8	4	1	6	5	7	3	9	2
9	6	7	2	8	3	5	4	1
7	2	9	5	1	6	4	3	8
1	8	4	7	3	9	2	6	5
6	3	5	4	2	8	7	1	9

#15

9	7	1	3	8	5	2	4	6
4	2	5	6	1	9	8	7	3
6	3	8	4	2	7	9	5	1
8	1	7	9	5	6	3	2	4
3	9	6	8	4	2	7	1	5
2	5	4	1	7	3	6	9	8
7	8	2	5	3	1	4	6	9
1	6	3	7	9	4	5	8	2
5	4	9	2	6	8	1	3	7

#16

3	2	5	8	1	7	4	9	6
6	1	7	9	2	4	5	8	3
8	4	9	3	5	6	2	1	7
1	5	2	6	9	3	7	4	8
4	3	6	1	7	8	9	5	2
7	9	8	2	4	5	6	3	1
5	7	3	4	8	2	1	6	9
2	6	1	5	3	9	8	7	4
9	8	4	7	6	1	3	2	5

#17

8	2	3	1	9	4	7	6	5
7	5	4	2	6	8	3	9	1
6	9	1	3	7	5	4	8	2
2	1	7	4	8	9	5	3	6
3	8	9	6	5	1	2	7	4
5	4	6	7	2	3	8	1	9
1	7	2	8	4	6	9	5	3
4	6	5	9	3	7	1	2	8
9	3	8	5	1	2	6	4	7

#18

7	6	5	1	2	9	4	3	8
2	4	3	7	5	8	9	1	6
9	8	1	4	6	3	7	2	5
8	1	2	9	7	6	5	4	3
3	9	7	8	4	5	1	6	2
6	5	4	2	3	1	8	9	7
5	2	9	3	8	4	6	7	1
4	7	6	5	1	2	3	8	9
1	3	8	6	9	7	2	5	4

#19

8	4	2	1	3	9	6	5	7
6	7	9	8	4	5	3	1	2
5	1	3	6	7	2	8	9	4
7	8	5	9	6	1	2	4	3
9	3	1	4	2	8	7	6	5
4	2	6	3	5	7	1	8	9
3	5	4	2	1	6	9	7	8
2	6	8	7	9	4	5	3	1
1	9	7	5	8	3	4	2	6

#20

6	1	4	8	9	5	7	2	3
9	7	3	6	2	1	5	4	8
8	5	2	3	7	4	1	6	9
1	6	8	7	5	2	9	3	4
2	4	9	1	6	3	8	5	7
5	3	7	4	8	9	2	1	6
4	8	6	5	1	7	3	9	2
7	2	1	9	3	6	4	8	5
3	9	5	2	4	8	6	7	1

#21

8	1	6	9	5	4	3	7	2
5	3	9	8	7	2	6	1	4
2	4	7	6	3	1	9	8	5
1	6	8	2	4	9	5	3	7
9	5	3	7	8	6	2	4	1
4	7	2	3	1	5	8	6	9
6	9	4	1	2	8	7	5	3
3	2	5	4	6	7	1	9	8
7	8	1	5	9	3	4	2	6

#22

6	8	3	4	1	9	5	2	7
9	1	7	3	2	5	8	6	4
5	2	4	8	6	7	3	9	1
3	4	6	5	8	2	7	1	9
1	9	8	6	7	4	2	3	5
7	5	2	1	9	3	6	4	8
4	3	1	7	5	6	9	8	2
2	6	5	9	4	8	1	7	3
8	7	9	2	3	1	4	5	6

#23

4	7	6	1	2	9	8	3	5
5	8	9	4	3	6	7	2	1
1	3	2	5	7	8	6	9	4
6	5	7	9	4	2	3	1	8
8	4	3	6	5	1	9	7	2
9	2	1	3	8	7	4	5	6
7	6	8	2	9	5	1	4	3
3	9	5	8	1	4	2	6	7
2	1	4	7	6	3	5	8	9

#24

2	6	3	8	4	7	5	1	9
8	9	5	3	6	1	4	2	7
1	4	7	9	2	5	3	8	6
4	8	2	7	5	9	6	3	1
7	5	6	4	1	3	8	9	2
9	3	1	6	8	2	7	5	4
6	7	9	1	3	8	2	4	5
5	1	8	2	7	4	9	6	3
3	2	4	5	9	6	1	7	8

#25

5	9	2	4	1	6	3	8	7
6	8	3	9	5	7	2	1	4
4	7	1	3	2	8	5	6	9
7	1	4	8	9	2	6	3	5
9	5	6	1	3	4	8	7	2
3	2	8	7	6	5	4	9	1
8	6	9	5	4	1	7	2	3
1	4	7	2	8	3	9	5	6
2	3	5	6	7	9	1	4	8

#26

8	5	3	1	2	6	9	7	4
1	7	6	4	8	9	5	2	3
9	2	4	7	5	3	1	6	8
7	9	8	5	3	4	6	1	2
6	3	2	8	1	7	4	5	9
5	4	1	6	9	2	8	3	7
3	1	5	2	4	8	7	9	6
2	8	7	9	6	1	3	4	5
4	6	9	3	7	5	2	8	1

#27

9	1	6	4	8	3	2	7	5
5	7	4	2	9	6	8	3	1
8	2	3	5	7	1	9	4	6
6	5	8	7	1	9	4	2	3
1	9	7	3	2	4	5	6	8
4	3	2	8	6	5	1	9	7
7	8	5	6	4	2	3	1	9
2	6	1	9	3	8	7	5	4
3	4	9	1	5	7	6	8	2

#28

2	1	9	8	4	6	7	3	5
5	6	7	9	3	2	8	1	4
3	8	4	7	1	5	6	9	2
8	4	1	5	6	9	3	2	7
7	5	2	3	8	1	4	6	9
6	9	3	2	7	4	1	5	8
1	7	5	6	2	8	9	4	3
9	3	6	4	5	7	2	8	1
4	2	8	1	9	3	5	7	6

#29

9	3	5	8	6	7	1	2	4
8	2	7	5	4	1	9	3	6
6	4	1	2	3	9	5	7	8
1	8	9	6	7	4	2	5	3
5	6	4	1	2	3	7	8	9
2	7	3	9	8	5	4	6	1
3	9	8	7	1	2	6	4	5
7	1	6	4	5	8	3	9	2
4	5	2	3	9	6	8	1	7

#30

9	4	8	3	7	5	2	6	1
5	1	2	4	6	8	7	9	3
3	6	7	2	9	1	5	4	8
2	7	3	8	5	9	4	1	6
6	8	5	1	3	4	9	2	7
4	9	1	6	2	7	8	3	5
7	2	6	9	8	3	1	5	4
8	3	4	5	1	2	6	7	9
1	5	9	7	4	6	3	8	2

#31

5	2	6	3	8	7	4	9	1
8	9	4	6	2	1	7	5	3
7	3	1	9	4	5	2	8	6
3	1	7	8	9	6	5	2	4
9	8	5	2	1	4	6	3	7
6	4	2	7	5	3	8	1	9
2	7	9	4	3	8	1	6	5
1	6	8	5	7	9	3	4	2
4	5	3	1	6	2	9	7	8

#32

8	2	5	3	1	4	9	7	6
6	9	4	5	2	7	1	3	8
1	7	3	6	9	8	5	4	2
5	4	9	7	3	2	8	6	1
2	6	7	4	8	1	3	9	5
3	8	1	9	6	5	7	2	4
4	3	6	8	5	9	2	1	7
9	1	8	2	7	6	4	5	3
7	5	2	1	4	3	6	8	9

#33

1	8	5	9	6	3	4	7	2
7	6	2	8	4	5	1	9	3
9	4	3	2	7	1	8	6	5
5	1	8	3	9	6	2	4	7
6	2	7	5	1	4	3	8	9
4	3	9	7	8	2	6	5	1
3	7	4	1	5	8	9	2	6
2	5	6	4	3	9	7	1	8
8	9	1	6	2	7	5	3	4

#34

8	9	1	6	3	2	7	4	5
7	4	6	9	1	5	8	2	3
2	5	3	8	4	7	1	9	6
3	1	2	7	8	9	6	5	4
5	6	4	3	2	1	9	7	8
9	8	7	5	6	4	3	1	2
6	2	9	1	5	3	4	8	7
4	7	8	2	9	6	5	3	1
1	3	5	4	7	8	2	6	9

#35

5	8	9	3	7	1	4	6	2
2	4	6	8	5	9	3	1	7
3	1	7	2	4	6	9	5	8
6	7	4	1	3	2	5	8	9
9	3	2	5	8	7	6	4	1
1	5	8	9	6	4	7	2	3
7	9	5	4	1	8	2	3	6
4	2	1	6	9	3	8	7	5
8	6	3	7	2	5	1	9	4

#36

7	2	8	6	5	9	4	3	1
4	3	9	8	1	7	5	6	2
1	6	5	4	3	2	7	8	9
9	4	3	2	6	1	8	5	7
6	8	1	5	7	3	9	2	4
2	5	7	9	8	4	3	1	6
5	7	2	1	4	8	6	9	3
8	9	4	3	2	6	1	7	5
3	1	6	7	9	5	2	4	8

#37

1	2	8	5	3	9	7	6	4
5	3	4	6	7	8	9	1	2
6	7	9	1	4	2	8	5	3
7	6	3	9	8	5	4	2	1
2	4	1	7	6	3	5	8	9
8	9	5	2	1	4	6	3	7
3	8	6	4	2	7	1	9	5
4	5	2	8	9	1	3	7	6
9	1	7	3	5	6	2	4	8

#38

1	3	9	2	4	7	5	8	6
6	8	4	5	9	1	7	2	3
7	2	5	8	6	3	1	4	9
9	4	1	7	5	6	8	3	2
2	5	6	3	1	8	9	7	4
3	7	8	4	2	9	6	5	1
5	1	7	6	3	2	4	9	8
4	6	3	9	8	5	2	1	7
8	9	2	1	7	4	3	6	5

#39

4	7	8	9	1	2	3	6	5
9	5	2	6	8	3	7	1	4
6	1	3	5	4	7	8	9	2
3	8	6	4	9	5	1	2	7
2	9	7	3	6	1	5	4	8
5	4	1	2	7	8	6	3	9
7	3	9	8	2	6	4	5	1
1	6	4	7	5	9	2	8	3
8	2	5	1	3	4	9	7	6

#40

1	3	5	9	6	4	2	8	7
2	4	6	7	8	5	1	9	3
8	9	7	3	2	1	4	5	6
3	1	4	6	5	2	8	7	9
6	7	9	8	4	3	5	2	1
5	8	2	1	7	9	3	6	4
7	6	1	2	3	8	9	4	5
9	5	8	4	1	6	7	3	2
4	2	3	5	9	7	6	1	8

#41

7	9	2	4	8	5	1	3	6
1	6	5	9	7	3	4	2	8
8	4	3	6	2	1	9	7	5
4	3	1	5	9	7	6	8	2
2	8	6	3	1	4	5	9	7
9	5	7	8	6	2	3	1	4
3	1	4	7	5	8	2	6	9
5	7	9	2	3	6	8	4	1
6	2	8	1	4	9	7	5	3

#42

4	5	3	9	8	7	1	6	2
2	7	6	4	1	3	9	5	8
1	9	8	6	2	5	3	4	7
8	2	7	3	5	9	6	1	4
9	4	1	7	6	2	8	3	5
6	3	5	8	4	1	2	7	9
3	6	9	5	7	8	4	2	1
5	1	4	2	9	6	7	8	3
7	8	2	1	3	4	5	9	6

#43

4	2	8	7	6	9	3	1	5
3	6	1	4	2	5	9	8	7
9	5	7	8	3	1	2	4	6
6	8	3	2	5	4	1	7	9
1	4	2	3	9	7	6	5	8
7	9	5	6	1	8	4	2	3
5	7	6	1	4	3	8	9	2
8	3	4	9	7	2	5	6	1
2	1	9	5	8	6	7	3	4

#44

9	4	1	2	5	8	7	3	6
2	3	6	7	1	4	8	9	5
8	5	7	6	9	3	1	2	4
4	1	2	9	3	6	5	7	8
5	6	8	4	2	7	3	1	9
7	9	3	5	8	1	4	6	2
1	7	9	8	4	2	6	5	3
6	2	4	3	7	5	9	8	1
3	8	5	1	6	9	2	4	7

#45

2	6	7	5	3	1	9	4	8
4	3	5	9	8	6	7	1	2
9	8	1	4	2	7	5	3	6
1	2	3	7	5	8	6	9	4
6	7	4	1	9	3	2	8	5
8	5	9	6	4	2	3	7	1
3	4	8	2	6	9	1	5	7
5	1	2	3	7	4	8	6	9
7	9	6	8	1	5	4	2	3

#46

5	4	2	6	7	9	1	3	8
3	8	1	2	5	4	6	9	7
9	6	7	1	8	3	4	5	2
6	2	3	4	1	7	9	8	5
4	7	8	5	9	2	3	6	1
1	5	9	3	6	8	2	7	4
7	3	6	8	4	1	5	2	9
2	9	4	7	3	5	8	1	6
8	1	5	9	2	6	7	4	3

#47

6	8	9	1	7	4	2	3	5
4	5	7	2	8	3	9	6	1
1	3	2	5	6	9	8	4	7
3	6	5	7	1	8	4	2	9
8	7	4	6	9	2	5	1	3
9	2	1	4	3	5	7	8	6
5	9	3	8	2	6	1	7	4
7	4	8	3	5	1	6	9	2
2	1	6	9	4	7	3	5	8

#48

9	8	4	5	2	7	3	1	6
2	6	5	1	3	4	8	9	7
3	1	7	6	8	9	5	2	4
8	7	6	2	9	3	4	5	1
1	3	2	8	4	5	7	6	9
5	4	9	7	6	1	2	3	8
6	9	3	4	5	8	1	7	2
4	5	1	9	7	2	6	8	3
7	2	8	3	1	6	9	4	5

#49

9	1	2	3	7	6	8	5	4
3	5	6	2	8	4	1	9	7
7	4	8	9	1	5	6	3	2
8	3	9	5	2	7	4	6	1
6	7	1	4	9	3	5	2	8
4	2	5	1	6	8	9	7	3
2	6	4	8	3	9	7	1	5
5	9	3	7	4	1	2	8	6
1	8	7	6	5	2	3	4	9

#50

4	3	1	9	6	2	8	5	7
7	6	2	3	5	8	1	9	4
5	8	9	4	7	1	2	3	6
8	4	6	7	1	3	9	2	5
1	9	3	6	2	5	7	4	8
2	7	5	8	9	4	3	6	1
9	2	8	5	4	7	6	1	3
3	1	4	2	8	6	5	7	9
6	5	7	1	3	9	4	8	2

#51

7	8	1	5	4	6	2	9	3
4	5	2	3	8	9	7	6	1
9	6	3	1	2	7	4	8	5
8	7	5	9	1	3	6	4	2
1	4	6	8	7	2	5	3	9
3	2	9	6	5	4	8	1	7
2	9	7	4	6	1	3	5	8
6	1	8	7	3	5	9	2	4
5	3	4	2	9	8	1	7	6

#52

4	2	6	5	7	1	8	9	3
3	7	9	8	4	2	5	1	6
8	1	5	9	6	3	2	4	7
6	8	3	4	2	9	1	7	5
1	4	2	7	3	5	6	8	9
9	5	7	1	8	6	3	2	4
2	9	4	3	5	8	7	6	1
7	3	8	6	1	4	9	5	2
5	6	1	2	9	7	4	3	8

#53

3	7	4	6	8	1	9	2	5
8	5	2	4	7	9	6	3	1
9	1	6	3	2	5	7	4	8
4	9	3	1	6	7	8	5	2
5	8	7	2	4	3	1	6	9
2	6	1	5	9	8	4	7	3
6	3	9	8	5	4	2	1	7
1	2	8	7	3	6	5	9	4
7	4	5	9	1	2	3	8	6

#54

3	7	6	5	8	2	1	4	9
9	4	5	1	3	6	8	2	7
8	2	1	4	7	9	3	5	6
4	8	3	6	9	1	5	7	2
2	6	7	3	5	8	9	1	4
5	1	9	2	4	7	6	3	8
7	5	4	9	6	3	2	8	1
1	9	8	7	2	5	4	6	3
6	3	2	8	1	4	7	9	5

#55

5	9	4	8	3	1	7	6	2
8	6	2	5	4	7	3	1	9
1	7	3	9	2	6	5	8	4
7	1	5	2	8	9	6	4	3
3	8	9	1	6	4	2	5	7
4	2	6	3	7	5	1	9	8
2	5	7	4	1	8	9	3	6
9	3	8	6	5	2	4	7	1
6	4	1	7	9	3	8	2	5

#56

5	1	2	9	6	3	8	7	4
4	9	7	2	8	5	6	3	1
3	6	8	4	7	1	2	9	5
7	8	1	3	2	6	4	5	9
6	5	3	1	9	4	7	2	8
9	2	4	8	5	7	3	1	6
1	3	5	6	4	2	9	8	7
2	4	9	7	1	8	5	6	3
8	7	6	5	3	9	1	4	2

#57

1	9	2	7	5	6	3	8	4
6	7	5	4	8	3	9	1	2
8	3	4	2	1	9	7	5	6
3	2	7	6	4	5	8	9	1
4	8	1	9	7	2	6	3	5
9	5	6	1	3	8	2	4	7
2	6	3	5	9	4	1	7	8
5	1	9	8	6	7	4	2	3
7	4	8	3	2	1	5	6	9

#58

1	3	9	5	2	4	8	7	6
8	5	4	1	7	6	3	9	2
6	7	2	3	9	8	5	4	1
3	4	7	2	6	9	1	8	5
9	6	1	7	8	5	2	3	4
2	8	5	4	3	1	9	6	7
5	9	3	6	1	7	4	2	8
7	1	8	9	4	2	6	5	3
4	2	6	8	5	3	7	1	9

#59

1	6	4	2	7	9	8	5	3
5	9	3	6	8	4	2	7	1
7	8	2	3	1	5	4	6	9
9	3	5	8	6	1	7	2	4
4	7	8	9	3	2	5	1	6
2	1	6	4	5	7	3	9	8
3	2	7	1	4	6	9	8	5
6	4	9	5	2	8	1	3	7
8	5	1	7	9	3	6	4	2

#60

6	3	2	7	4	1	8	5	9
7	8	5	2	9	3	1	4	6
9	1	4	6	8	5	2	7	3
3	6	7	5	1	2	4	9	8
4	5	8	3	6	9	7	1	2
1	2	9	4	7	8	6	3	5
8	4	3	1	5	6	9	2	7
5	9	1	8	2	7	3	6	4
2	7	6	9	3	4	5	8	1

#61

4	2	7	6	9	5	1	8	3
1	8	6	2	3	4	5	9	7
9	3	5	8	7	1	6	4	2
3	7	1	5	2	8	9	6	4
8	4	9	7	1	6	2	3	5
6	5	2	3	4	9	7	1	8
5	9	4	1	8	2	3	7	6
2	1	3	4	6	7	8	5	9
7	6	8	9	5	3	4	2	1

#62

5	9	1	8	2	6	4	3	7
4	7	2	9	5	3	1	8	6
3	8	6	4	1	7	2	5	9
2	6	5	3	4	9	7	1	8
7	3	8	2	6	1	9	4	5
9	1	4	7	8	5	3	6	2
6	5	3	1	7	2	8	9	4
1	4	7	6	9	8	5	2	3
8	2	9	5	3	4	6	7	1

#63

5	9	1	2	8	3	6	7	4
7	6	2	4	5	1	9	3	8
3	8	4	6	9	7	1	5	2
4	7	6	5	1	9	2	8	3
8	1	9	7	3	2	5	4	6
2	3	5	8	4	6	7	9	1
1	5	3	9	6	4	8	2	7
6	2	8	3	7	5	4	1	9
9	4	7	1	2	8	3	6	5

#64

5	6	3	7	9	4	1	2	8
8	2	1	3	5	6	7	4	9
9	4	7	2	1	8	6	5	3
3	7	5	1	4	9	8	6	2
4	8	9	6	2	3	5	1	7
2	1	6	8	7	5	9	3	4
7	5	8	4	3	1	2	9	6
1	3	2	9	6	7	4	8	5
6	9	4	5	8	2	3	7	1

#65

4	1	2	6	5	3	8	7	9
9	8	3	4	2	7	5	1	6
5	7	6	9	1	8	2	3	4
7	5	1	2	8	4	9	6	3
6	4	8	3	7	9	1	5	2
3	2	9	5	6	1	4	8	7
8	9	7	1	4	6	3	2	5
2	6	4	8	3	5	7	9	1
1	3	5	7	9	2	6	4	8

#66

6	9	4	1	7	8	3	2	5
1	5	7	2	4	3	6	8	9
2	8	3	9	5	6	7	4	1
3	4	2	7	1	9	8	5	6
9	1	8	3	6	5	2	7	4
5	7	6	8	2	4	9	1	3
8	6	1	4	9	2	5	3	7
7	2	9	5	3	1	4	6	8
4	3	5	6	8	7	1	9	2

#67

8	3	1	2	9	5	4	6	7
7	2	4	6	8	3	5	1	9
9	6	5	1	7	4	2	8	3
4	8	3	9	6	1	7	5	2
5	9	2	8	4	7	1	3	6
6	1	7	5	3	2	8	9	4
1	5	9	7	2	6	3	4	8
3	7	6	4	5	8	9	2	1
2	4	8	3	1	9	6	7	5

#68

2	1	9	7	6	5	8	3	4
5	4	8	9	2	3	1	6	7
3	7	6	4	8	1	5	9	2
6	5	1	2	9	7	4	8	3
7	9	3	1	4	8	6	2	5
4	8	2	5	3	6	7	1	9
9	6	5	8	7	2	3	4	1
1	3	4	6	5	9	2	7	8
8	2	7	3	1	4	9	5	6

#69

8	1	6	9	4	2	3	5	7
9	4	3	7	6	5	1	8	2
5	7	2	3	8	1	4	6	9
6	8	9	1	2	3	7	4	5
7	2	4	6	5	8	9	1	3
1	3	5	4	9	7	8	2	6
2	6	7	8	1	9	5	3	4
4	9	1	5	3	6	2	7	8
3	5	8	2	7	4	6	9	1

#70

6	5	2	1	7	3	4	8	9
3	1	7	8	4	9	2	5	6
8	4	9	2	5	6	7	3	1
2	6	5	7	9	1	3	4	8
9	8	3	6	2	4	1	7	5
1	7	4	3	8	5	6	9	2
4	2	1	9	3	8	5	6	7
5	9	6	4	1	7	8	2	3
7	3	8	5	6	2	9	1	4

#71

3	8	4	7	5	6	2	9	1
1	5	7	8	2	9	6	3	4
2	6	9	1	4	3	8	7	5
6	2	3	4	7	5	9	1	8
5	4	1	3	9	8	7	2	6
7	9	8	6	1	2	4	5	3
9	1	6	2	3	4	5	8	7
4	7	5	9	8	1	3	6	2
8	3	2	5	6	7	1	4	9

#72

2	5	1	8	3	9	6	4	7
6	7	8	2	1	4	3	9	5
9	4	3	6	5	7	1	8	2
5	1	9	3	4	2	8	7	6
4	3	7	5	8	6	9	2	1
8	2	6	9	7	1	5	3	4
1	8	5	7	2	3	4	6	9
3	9	2	4	6	5	7	1	8
7	6	4	1	9	8	2	5	3

#73

4	3	2	8	1	7	9	5	6
6	9	7	5	3	2	1	8	4
5	1	8	9	6	4	3	2	7
3	2	6	4	7	9	8	1	5
1	7	4	3	5	8	2	6	9
8	5	9	1	2	6	7	4	3
7	8	3	2	4	5	6	9	1
2	4	1	6	9	3	5	7	8
9	6	5	7	8	1	4	3	2

#76

9	3	8	7	1	4	5	6	2
5	1	2	6	8	3	9	7	4
4	6	7	5	9	2	3	8	1
2	7	5	9	3	8	4	1	6
1	4	9	2	7	6	8	5	3
6	8	3	4	5	1	2	9	7
3	5	1	8	4	7	6	2	9
7	9	6	3	2	5	1	4	8
8	2	4	1	6	9	7	3	5

#74

1	5	3	8	4	7	2	6	9
7	9	6	1	5	2	4	8	3
4	2	8	6	9	3	1	7	5
5	1	7	9	8	6	3	4	2
8	3	4	2	7	1	9	5	6
9	6	2	5	3	4	7	1	8
6	4	5	3	1	9	8	2	7
3	8	1	7	2	5	6	9	4
2	7	9	4	6	8	5	3	1

#77

1	6	2	9	3	5	4	7	8
9	4	8	6	2	7	5	3	1
5	3	7	1	4	8	2	6	9
6	8	4	7	9	1	3	2	5
2	5	3	4	8	6	1	9	7
7	9	1	2	5	3	8	4	6
3	7	9	5	1	2	6	8	4
4	2	5	8	6	9	7	1	3
8	1	6	3	7	4	9	5	2

#75

7	2	9	6	5	8	1	3	4
6	8	3	4	2	1	7	5	9
1	4	5	9	7	3	8	6	2
3	7	8	2	1	6	9	4	5
5	9	1	3	4	7	2	8	6
2	6	4	8	9	5	3	1	7
9	5	2	1	8	4	6	7	3
8	3	7	5	6	9	4	2	1
4	1	6	7	3	2	5	9	8

#78

6	7	8	5	1	2	9	3	4
1	3	9	8	7	4	5	2	6
4	2	5	3	9	6	8	7	1
7	1	4	9	2	3	6	5	8
3	8	6	4	5	1	7	9	2
5	9	2	6	8	7	4	1	3
9	4	3	1	6	5	2	8	7
8	6	7	2	3	9	1	4	5
2	5	1	7	4	8	3	6	9

#79

8	7	3	1	5	4	9	2	6
5	9	6	3	7	2	8	1	4
2	1	4	8	6	9	7	5	3
4	5	1	9	3	7	6	8	2
3	2	9	5	8	6	1	4	7
7	6	8	4	2	1	5	3	9
9	3	5	6	4	8	2	7	1
6	4	2	7	1	5	3	9	8
1	8	7	2	9	3	4	6	5

#80

4	6	7	1	5	2	9	3	8
3	9	8	6	7	4	5	1	2
1	2	5	3	9	8	4	6	7
5	1	4	2	3	9	7	8	6
7	3	2	4	8	6	1	9	5
9	8	6	7	1	5	2	4	3
8	7	3	9	2	1	6	5	4
2	4	9	5	6	3	8	7	1
6	5	1	8	4	7	3	2	9

#81

4	7	9	8	1	5	6	2	3
2	1	6	4	9	3	7	5	8
8	3	5	7	2	6	1	4	9
5	4	2	1	8	7	9	3	6
9	8	3	2	6	4	5	1	7
1	6	7	3	5	9	2	8	4
6	9	4	5	3	2	8	7	1
3	2	8	6	7	1	4	9	5
7	5	1	9	4	8	3	6	2

#82

7	1	6	4	2	8	3	5	9
3	8	5	1	7	9	6	2	4
2	4	9	3	5	6	7	8	1
6	7	3	2	8	1	9	4	5
9	2	1	6	4	5	8	7	3
4	5	8	9	3	7	1	6	2
1	6	7	5	9	2	4	3	8
5	9	4	8	6	3	2	1	7
8	3	2	7	1	4	5	9	6

#83

2	6	5	9	1	7	3	8	4
8	1	7	4	6	3	2	9	5
3	4	9	5	2	8	7	1	6
7	9	3	8	4	1	6	5	2
5	2	4	3	9	6	1	7	8
6	8	1	7	5	2	4	3	9
9	5	2	1	7	4	8	6	3
1	3	6	2	8	5	9	4	7
4	7	8	6	3	9	5	2	1

#84

6	7	1	4	3	2	5	9	8
2	4	9	8	7	5	1	6	3
8	5	3	6	1	9	7	2	4
7	6	8	9	4	1	2	3	5
5	1	4	7	2	3	6	8	9
3	9	2	5	8	6	4	1	7
4	8	6	1	9	7	3	5	2
9	3	5	2	6	4	8	7	1
1	2	7	3	5	8	9	4	6

#85

4	1	2	5	9	3	6	8	7
3	8	6	7	2	1	5	9	4
5	9	7	6	4	8	1	2	3
9	6	8	1	5	4	7	3	2
2	4	5	3	7	9	8	6	1
7	3	1	8	6	2	9	4	5
8	7	9	4	3	5	2	1	6
6	2	3	9	1	7	4	5	8
1	5	4	2	8	6	3	7	9

#86

2	5	1	3	4	8	9	6	7
8	6	9	5	1	7	2	4	3
4	7	3	2	9	6	1	8	5
3	8	7	1	6	5	4	9	2
9	1	4	8	3	2	5	7	6
5	2	6	4	7	9	3	1	8
6	3	2	9	8	4	7	5	1
1	9	8	7	5	3	6	2	4
7	4	5	6	2	1	8	3	9

#87

2	5	1	6	9	8	7	4	3
7	9	3	4	1	5	2	6	8
6	4	8	7	2	3	5	1	9
1	8	9	2	4	6	3	5	7
4	7	2	3	5	9	1	8	6
5	3	6	8	7	1	4	9	2
8	6	4	5	3	7	9	2	1
9	2	7	1	6	4	8	3	5
3	1	5	9	8	2	6	7	4

#88

5	8	2	7	1	4	9	3	6
7	3	6	8	5	9	2	4	1
4	9	1	2	6	3	7	5	8
2	4	5	6	3	7	1	8	9
9	7	8	4	2	1	5	6	3
1	6	3	5	9	8	4	2	7
6	5	7	1	8	2	3	9	4
8	1	9	3	4	5	6	7	2
3	2	4	9	7	6	8	1	5

#89

9	6	7	8	1	4	2	3	5
3	1	5	7	2	6	9	8	4
4	8	2	5	3	9	1	6	7
8	4	1	3	9	7	6	5	2
5	9	3	2	6	1	7	4	8
7	2	6	4	5	8	3	9	1
2	3	8	6	7	5	4	1	9
1	7	4	9	8	3	5	2	6
6	5	9	1	4	2	8	7	3

#90

5	1	4	7	8	9	2	3	6
3	2	6	5	4	1	7	8	9
7	9	8	3	6	2	4	1	5
1	6	3	2	9	8	5	4	7
8	4	5	6	1	7	9	2	3
9	7	2	4	5	3	1	6	8
2	3	9	1	7	6	8	5	4
6	5	7	8	2	4	3	9	1
4	8	1	9	3	5	6	7	2

#91

3	5	7	8	2	1	9	6	4
9	4	8	6	7	5	3	1	2
6	1	2	4	9	3	5	8	7
5	9	4	3	6	7	1	2	8
1	8	6	2	5	4	7	3	9
2	7	3	9	1	8	4	5	6
7	2	5	1	8	9	6	4	3
8	3	1	7	4	6	2	9	5
4	6	9	5	3	2	8	7	1

#92

8	9	2	7	4	6	1	5	3
1	5	7	3	2	8	6	4	9
3	6	4	9	5	1	2	7	8
9	1	8	2	3	5	7	6	4
6	7	5	1	8	4	9	3	2
4	2	3	6	9	7	8	1	5
2	4	6	5	1	9	3	8	7
5	3	1	8	7	2	4	9	6
7	8	9	4	6	3	5	2	1

#93

8	9	5	2	6	7	1	4	3
7	2	1	4	5	3	9	6	8
4	6	3	9	1	8	7	2	5
6	3	2	7	9	1	8	5	4
1	5	7	6	8	4	2	3	9
9	8	4	5	3	2	6	7	1
2	7	9	1	4	5	3	8	6
3	4	6	8	2	9	5	1	7
5	1	8	3	7	6	4	9	2

#94

4	5	2	8	1	6	3	9	7
3	9	8	4	5	7	2	6	1
6	1	7	3	2	9	8	4	5
2	3	4	1	9	8	5	7	6
7	6	9	5	4	3	1	2	8
5	8	1	6	7	2	4	3	9
8	7	6	2	3	5	9	1	4
9	4	3	7	8	1	6	5	2
1	2	5	9	6	4	7	8	3

#95

5	6	9	4	7	3	8	2	1
2	1	3	9	8	6	7	5	4
4	8	7	5	2	1	9	6	3
8	5	4	6	3	2	1	9	7
9	7	6	8	1	5	3	4	2
3	2	1	7	9	4	6	8	5
6	4	8	3	5	7	2	1	9
7	9	2	1	4	8	5	3	6
1	3	5	2	6	9	4	7	8

#96

8	9	7	6	1	5	4	2	3
3	4	2	9	8	7	1	6	5
1	5	6	4	2	3	7	8	9
9	2	3	1	7	6	5	4	8
6	7	8	5	4	9	2	3	1
5	1	4	2	3	8	6	9	7
7	6	5	3	9	4	8	1	2
2	8	9	7	6	1	3	5	4
4	3	1	8	5	2	9	7	6

#97

4	2	1	9	5	6	8	7	3
8	7	5	2	1	3	6	4	9
6	3	9	4	7	8	1	2	5
1	9	6	5	2	7	3	8	4
3	8	2	6	9	4	7	5	1
5	4	7	3	8	1	9	6	2
2	1	4	7	6	9	5	3	8
7	5	8	1	3	2	4	9	6
9	6	3	8	4	5	2	1	7

#98

8	5	7	6	9	3	2	4	1
4	1	2	7	5	8	6	9	3
9	3	6	4	1	2	5	8	7
3	2	5	8	4	1	7	6	9
6	8	9	3	7	5	4	1	2
1	7	4	9	2	6	3	5	8
7	9	8	5	3	4	1	2	6
2	4	3	1	6	9	8	7	5
5	6	1	2	8	7	9	3	4

#99

2	5	4	6	9	3	8	7	1
3	7	8	1	4	5	6	9	2
9	1	6	8	7	2	3	4	5
1	9	3	4	6	7	5	2	8
8	2	5	3	1	9	7	6	4
6	4	7	5	2	8	9	1	3
4	3	2	9	5	6	1	8	7
7	8	9	2	3	1	4	5	6
5	6	1	7	8	4	2	3	9

#100

1	4	2	9	3	7	8	5	6
7	5	9	6	4	8	1	3	2
3	8	6	5	2	1	4	9	7
2	3	1	8	5	9	6	7	4
4	6	7	2	1	3	5	8	9
8	9	5	4	7	6	3	2	1
5	1	3	7	9	4	2	6	8
9	2	8	1	6	5	7	4	3
6	7	4	3	8	2	9	1	5

#101

5	6	2	3	8	4	1	7	9
3	1	9	7	2	6	5	8	4
7	8	4	9	1	5	6	3	2
6	7	3	2	4	1	8	9	5
8	2	5	6	7	9	4	1	3
9	4	1	8	5	3	2	6	7
4	9	6	1	3	2	7	5	8
2	3	8	5	6	7	9	4	1
1	5	7	4	9	8	3	2	6

#102

4	9	3	5	2	6	1	8	7
8	1	5	4	9	7	3	6	2
7	2	6	8	1	3	9	5	4
9	5	4	6	7	2	8	1	3
3	8	2	1	4	9	6	7	5
6	7	1	3	5	8	4	2	9
2	6	8	7	3	4	5	9	1
1	4	9	2	8	5	7	3	6
5	3	7	9	6	1	2	4	8

#103

4	2	6	3	5	1	7	9	8
8	7	9	4	2	6	3	1	5
1	3	5	9	7	8	4	6	2
7	6	4	5	1	3	8	2	9
5	1	2	7	8	9	6	4	3
3	9	8	6	4	2	5	7	1
2	5	3	1	6	7	9	8	4
9	8	7	2	3	4	1	5	6
6	4	1	8	9	5	2	3	7

#104

6	1	9	5	3	4	7	8	2
2	8	7	6	9	1	5	3	4
3	4	5	7	8	2	9	6	1
8	6	1	3	5	7	4	2	9
4	7	2	1	6	9	8	5	3
5	9	3	2	4	8	6	1	7
1	5	4	9	2	6	3	7	8
9	2	6	8	7	3	1	4	5
7	3	8	4	1	5	2	9	6

#105

6	4	5	7	8	1	9	3	2
7	3	9	5	2	4	6	8	1
2	1	8	3	9	6	4	5	7
9	8	3	6	1	2	7	4	5
1	7	6	9	4	5	3	2	8
5	2	4	8	3	7	1	9	6
3	6	2	4	7	8	5	1	9
8	9	7	1	5	3	2	6	4
4	5	1	2	6	9	8	7	3

#106

4	8	7	5	9	2	6	3	1
5	3	1	6	8	7	2	9	4
9	6	2	4	1	3	8	7	5
2	4	6	8	7	9	5	1	3
7	5	3	2	6	1	9	4	8
8	1	9	3	4	5	7	2	6
6	7	4	1	2	8	3	5	9
1	2	5	9	3	6	4	8	7
3	9	8	7	5	4	1	6	2

#107

3	9	7	6	2	5	8	1	4
1	4	2	9	3	8	6	5	7
8	5	6	1	4	7	9	2	3
6	1	4	2	8	3	7	9	5
7	3	5	4	9	6	1	8	2
9	2	8	7	5	1	3	4	6
4	7	9	8	6	2	5	3	1
2	6	3	5	1	9	4	7	8
5	8	1	3	7	4	2	6	9

#108

5	1	3	8	9	7	4	2	6
7	8	6	5	2	4	9	1	3
2	9	4	3	1	6	7	8	5
4	5	8	2	6	1	3	7	9
3	7	1	4	8	9	6	5	2
9	6	2	7	5	3	8	4	1
1	3	7	6	4	2	5	9	8
6	2	5	9	7	8	1	3	4
8	4	9	1	3	5	2	6	7

#109

1	5	4	9	3	2	7	8	6
7	8	2	6	1	5	9	4	3
6	9	3	4	7	8	5	1	2
2	3	6	8	5	9	4	7	1
4	1	9	7	6	3	8	2	5
8	7	5	1	2	4	3	6	9
3	2	8	5	4	1	6	9	7
9	6	1	3	8	7	2	5	4
5	4	7	2	9	6	1	3	8

#110

2	1	3	6	7	5	9	4	8
8	6	7	2	4	9	5	1	3
9	4	5	1	3	8	2	6	7
7	3	8	4	2	1	6	9	5
5	9	1	8	6	7	4	3	2
6	2	4	9	5	3	8	7	1
1	7	9	5	8	6	3	2	4
3	5	2	7	9	4	1	8	6
4	8	6	3	1	2	7	5	9

#111

8	2	5	6	3	4	7	1	9
9	1	7	8	5	2	4	6	3
3	4	6	7	9	1	5	2	8
7	9	4	1	2	6	8	3	5
1	8	2	3	7	5	6	9	4
5	6	3	4	8	9	2	7	1
2	7	9	5	4	3	1	8	6
4	3	1	2	6	8	9	5	7
6	5	8	9	1	7	3	4	2

#112

3	5	9	6	7	2	1	8	4
7	4	8	9	5	1	2	3	6
6	1	2	3	4	8	5	9	7
5	8	7	4	2	3	6	1	9
1	2	4	5	6	9	8	7	3
9	3	6	8	1	7	4	2	5
4	9	1	7	8	6	3	5	2
8	6	3	2	9	5	7	4	1
2	7	5	1	3	4	9	6	8

#113

5	6	4	7	9	1	8	3	2
1	2	3	6	5	8	9	4	7
7	9	8	4	2	3	6	5	1
2	3	6	5	4	7	1	9	8
4	1	9	3	8	6	2	7	5
8	5	7	9	1	2	4	6	3
6	4	2	8	3	5	7	1	9
3	7	1	2	6	9	5	8	4
9	8	5	1	7	4	3	2	6

#114

5	4	2	7	3	9	1	6	8
7	1	3	4	8	6	5	2	9
8	6	9	2	1	5	3	7	4
3	8	7	6	5	4	9	1	2
6	9	5	8	2	1	4	3	7
4	2	1	3	9	7	6	8	5
2	3	6	9	4	8	7	5	1
1	7	4	5	6	2	8	9	3
9	5	8	1	7	3	2	4	6

#115

4	3	1	8	6	7	5	2	9
6	5	9	2	1	4	8	7	3
8	7	2	3	5	9	4	6	1
2	6	7	9	8	5	3	1	4
5	9	4	7	3	1	2	8	6
3	1	8	6	4	2	7	9	5
7	8	3	5	9	6	1	4	2
1	2	6	4	7	3	9	5	8
9	4	5	1	2	8	6	3	7

#116

4	1	9	5	8	6	2	3	7
5	8	3	2	9	7	6	4	1
6	2	7	1	3	4	5	8	9
7	9	5	6	1	3	8	2	4
3	6	2	4	7	8	1	9	5
8	4	1	9	2	5	7	6	3
9	7	6	3	5	2	4	1	8
2	3	8	7	4	1	9	5	6
1	5	4	8	6	9	3	7	2

#117

6	1	4	2	3	8	5	9	7
5	7	9	1	4	6	3	8	2
8	3	2	7	9	5	4	6	1
1	5	6	3	2	4	9	7	8
4	2	8	5	7	9	1	3	6
7	9	3	6	8	1	2	4	5
9	6	5	4	1	7	8	2	3
3	4	7	8	5	2	6	1	9
2	8	1	9	6	3	7	5	4

#118

7	8	1	9	5	3	6	4	2
4	3	6	2	8	1	5	7	9
2	9	5	4	6	7	3	8	1
1	5	3	8	2	4	7	9	6
6	2	7	5	1	9	8	3	4
9	4	8	7	3	6	2	1	5
3	1	4	6	7	5	9	2	8
8	6	9	3	4	2	1	5	7
5	7	2	1	9	8	4	6	3

#119

3	4	9	8	6	1	2	5	7
6	1	7	3	2	5	4	9	8
2	5	8	4	9	7	1	3	6
5	7	6	1	8	4	3	2	9
8	9	3	7	5	2	6	4	1
4	2	1	9	3	6	8	7	5
9	8	2	5	1	3	7	6	4
7	3	5	6	4	8	9	1	2
1	6	4	2	7	9	5	8	3

#120

8	4	5	3	2	1	6	7	9
3	9	1	5	6	7	2	8	4
7	2	6	8	9	4	3	5	1
1	6	4	7	5	2	8	9	3
2	8	9	6	1	3	7	4	5
5	3	7	9	4	8	1	6	2
6	7	2	4	3	9	5	1	8
9	5	3	1	8	6	4	2	7
4	1	8	2	7	5	9	3	6

#121

7	4	8	3	2	5	6	9	1
1	6	2	9	8	7	3	5	4
3	9	5	1	4	6	8	7	2
9	3	4	8	1	2	5	6	7
2	1	7	6	5	3	9	4	8
5	8	6	7	9	4	1	2	3
8	5	1	2	7	9	4	3	6
4	2	3	5	6	8	7	1	9
6	7	9	4	3	1	2	8	5

#122

5	2	7	4	6	8	1	9	3
3	4	8	1	2	9	5	6	7
6	1	9	5	7	3	8	2	4
8	5	4	2	3	6	7	1	9
9	3	2	7	1	4	6	5	8
1	7	6	9	8	5	4	3	2
4	6	1	8	9	2	3	7	5
7	9	5	3	4	1	2	8	6
2	8	3	6	5	7	9	4	1

#123

4	9	1	3	7	2	8	6	5
8	6	3	1	4	5	2	9	7
2	5	7	9	6	8	1	4	3
5	4	2	8	9	7	3	1	6
9	1	8	6	3	4	7	5	2
7	3	6	2	5	1	4	8	9
1	8	5	7	2	9	6	3	4
6	2	9	4	8	3	5	7	1
3	7	4	5	1	6	9	2	8

#124

9	2	8	5	6	4	1	3	7
1	5	7	2	9	3	6	4	8
6	4	3	7	8	1	9	5	2
8	3	6	1	5	9	2	7	4
2	7	9	6	4	8	5	1	3
4	1	5	3	2	7	8	6	9
7	9	4	8	1	6	3	2	5
5	8	1	4	3	2	7	9	6
3	6	2	9	7	5	4	8	1

#125

7	2	3	1	6	4	5	9	8
9	1	4	8	7	5	2	3	6
6	8	5	9	2	3	1	7	4
1	4	7	3	9	8	6	5	2
8	6	9	2	5	1	7	4	3
3	5	2	7	4	6	9	8	1
2	7	1	4	8	9	3	6	5
5	3	8	6	1	7	4	2	9
4	9	6	5	3	2	8	1	7

#126

2	7	1	8	3	6	5	4	9
4	8	6	5	2	9	1	7	3
3	5	9	7	1	4	8	6	2
5	2	8	4	7	3	9	1	6
7	6	3	2	9	1	4	5	8
1	9	4	6	5	8	2	3	7
9	4	7	1	6	2	3	8	5
6	1	2	3	8	5	7	9	4
8	3	5	9	4	7	6	2	1

#127

4	6	1	9	7	8	2	3	5
3	9	2	4	1	5	7	6	8
8	5	7	2	3	6	4	1	9
5	3	6	1	4	9	8	7	2
7	2	8	5	6	3	9	4	1
1	4	9	8	2	7	3	5	6
2	1	5	7	9	4	6	8	3
9	7	3	6	8	1	5	2	4
6	8	4	3	5	2	1	9	7

#128

3	4	6	7	8	1	5	2	9
2	9	7	6	3	5	8	4	1
1	5	8	9	2	4	7	6	3
6	3	2	4	5	9	1	7	8
7	1	4	3	6	8	9	5	2
9	8	5	2	1	7	6	3	4
4	6	9	1	7	3	2	8	5
5	7	3	8	9	2	4	1	6
8	2	1	5	4	6	3	9	7

#129

9	3	5	2	1	4	8	7	6
8	4	7	9	6	5	2	3	1
2	1	6	8	3	7	9	4	5
7	2	1	6	5	3	4	8	9
3	6	8	1	4	9	5	2	7
5	9	4	7	8	2	6	1	3
6	7	9	3	2	8	1	5	4
1	5	2	4	7	6	3	9	8
4	8	3	5	9	1	7	6	2

#130

6	9	4	2	7	5	8	3	1
5	1	8	3	6	9	2	4	7
7	2	3	4	8	1	6	5	9
1	5	6	7	4	8	3	9	2
8	4	9	1	3	2	7	6	5
2	3	7	9	5	6	1	8	4
3	7	1	6	9	4	5	2	8
4	8	2	5	1	3	9	7	6
9	6	5	8	2	7	4	1	3

#131

6	9	5	3	2	7	4	1	8
8	2	1	4	6	9	3	5	7
7	4	3	1	8	5	9	2	6
4	3	6	9	1	2	8	7	5
5	7	2	6	4	8	1	3	9
9	1	8	7	5	3	6	4	2
2	6	9	5	3	4	7	8	1
1	5	4	8	7	6	2	9	3
3	8	7	2	9	1	5	6	4

#132

5	7	8	3	2	1	6	9	4
3	1	6	4	5	9	7	8	2
9	4	2	6	8	7	3	5	1
4	8	9	1	6	5	2	7	3
6	5	3	2	7	8	4	1	9
1	2	7	9	3	4	5	6	8
7	6	1	8	4	3	9	2	5
2	9	4	5	1	6	8	3	7
8	3	5	7	9	2	1	4	6

#133

2	3	8	4	6	5	7	9	1
6	7	1	8	9	2	5	4	3
9	4	5	7	1	3	6	2	8
3	1	7	6	4	9	8	5	2
4	5	2	1	3	8	9	7	6
8	6	9	2	5	7	3	1	4
5	9	6	3	2	1	4	8	7
1	8	4	5	7	6	2	3	9
7	2	3	9	8	4	1	6	5

#134

1	2	4	9	3	7	8	5	6
8	9	5	2	6	4	1	3	7
6	7	3	8	1	5	4	2	9
9	1	8	3	4	2	6	7	5
7	3	6	1	5	8	2	9	4
5	4	2	6	7	9	3	1	8
2	6	9	5	8	1	7	4	3
3	5	7	4	2	6	9	8	1
4	8	1	7	9	3	5	6	2

#135

4	6	7	8	9	5	3	2	1
8	2	5	7	3	1	9	4	6
9	1	3	2	4	6	7	8	5
6	9	1	3	7	8	4	5	2
7	5	2	1	6	4	8	3	9
3	8	4	9	5	2	6	1	7
1	3	9	4	2	7	5	6	8
5	4	8	6	1	9	2	7	3
2	7	6	5	8	3	1	9	4

#136

3	6	2	7	4	1	8	5	9
1	5	4	3	9	8	7	6	2
7	8	9	2	6	5	3	4	1
9	4	3	1	8	2	6	7	5
5	2	8	6	3	7	9	1	4
6	7	1	9	5	4	2	8	3
4	1	7	8	2	9	5	3	6
8	9	6	5	1	3	4	2	7
2	3	5	4	7	6	1	9	8

#137

3	8	4	5	7	1	6	2	9
2	5	6	8	4	9	7	1	3
9	7	1	3	2	6	4	8	5
6	9	8	4	5	7	1	3	2
5	3	7	9	1	2	8	6	4
1	4	2	6	8	3	9	5	7
7	2	3	1	9	8	5	4	6
8	6	5	7	3	4	2	9	1
4	1	9	2	6	5	3	7	8

#138

9	3	1	4	8	6	2	5	7
6	8	7	9	2	5	1	4	3
5	4	2	3	1	7	9	6	8
8	7	4	5	6	1	3	9	2
3	2	5	7	9	4	8	1	6
1	6	9	2	3	8	5	7	4
7	9	8	6	5	3	4	2	1
4	5	3	1	7	2	6	8	9
2	1	6	8	4	9	7	3	5

#139

5	1	9	8	2	4	6	3	7
8	6	7	9	5	3	4	2	1
2	4	3	7	6	1	8	5	9
1	5	8	2	7	6	3	9	4
3	7	6	5	4	9	2	1	8
4	9	2	3	1	8	5	7	6
6	2	4	1	9	5	7	8	3
7	3	1	6	8	2	9	4	5
9	8	5	4	3	7	1	6	2

#140

2	5	9	1	6	8	4	3	7
4	3	7	5	2	9	8	1	6
6	8	1	7	4	3	5	9	2
9	6	8	3	1	4	7	2	5
1	7	3	8	5	2	9	6	4
5	2	4	6	9	7	3	8	1
3	9	5	2	7	1	6	4	8
7	4	2	9	8	6	1	5	3
8	1	6	4	3	5	2	7	9

#141

4	3	6	7	8	9	5	2	1
7	5	8	1	6	2	3	4	9
9	2	1	4	3	5	7	6	8
6	4	2	9	5	7	1	8	3
3	7	9	6	1	8	2	5	4
1	8	5	2	4	3	9	7	6
5	6	4	3	7	1	8	9	2
2	1	7	8	9	6	4	3	5
8	9	3	5	2	4	6	1	7

#142

5	8	9	4	7	3	2	1	6
1	4	7	6	2	5	9	8	3
2	6	3	8	9	1	4	7	5
6	9	1	2	5	8	3	4	7
3	2	5	1	4	7	6	9	8
8	7	4	9	3	6	5	2	1
7	1	2	3	6	4	8	5	9
9	5	6	7	8	2	1	3	4
4	3	8	5	1	9	7	6	2

#143

5	1	4	7	3	9	6	2	8
3	6	7	1	2	8	9	5	4
2	9	8	5	6	4	3	1	7
7	2	9	6	5	1	4	8	3
4	3	5	2	8	7	1	6	9
1	8	6	4	9	3	2	7	5
6	4	2	9	7	5	8	3	1
9	7	3	8	1	6	5	4	2
8	5	1	3	4	2	7	9	6

#144

8	2	1	9	6	4	7	5	3
4	7	9	5	8	3	1	2	6
6	5	3	1	7	2	9	8	4
2	8	5	4	1	7	3	6	9
1	4	6	2	3	9	8	7	5
3	9	7	6	5	8	4	1	2
5	1	4	8	9	6	2	3	7
9	3	8	7	2	5	6	4	1
7	6	2	3	4	1	5	9	8

#145

9	7	4	1	6	8	2	5	3
5	6	3	2	7	4	1	8	9
1	8	2	9	3	5	4	7	6
2	1	9	3	4	7	8	6	5
3	4	8	6	5	9	7	2	1
6	5	7	8	1	2	9	3	4
8	2	5	4	9	3	6	1	7
4	3	6	7	2	1	5	9	8
7	9	1	5	8	6	3	4	2

#146

8	3	4	7	2	9	1	6	5
6	1	9	5	3	8	7	4	2
2	7	5	1	4	6	8	3	9
1	8	2	3	6	5	4	9	7
4	6	3	8	9	7	2	5	1
5	9	7	2	1	4	6	8	3
3	5	8	6	7	1	9	2	4
7	4	6	9	5	2	3	1	8
9	2	1	4	8	3	5	7	6

#147

7	2	4	8	5	9	6	3	1
1	9	3	2	7	6	4	8	5
8	5	6	3	1	4	9	7	2
6	3	1	7	4	5	8	2	9
2	4	5	9	8	3	7	1	6
9	7	8	6	2	1	5	4	3
3	1	7	5	6	8	2	9	4
5	8	9	4	3	2	1	6	7
4	6	2	1	9	7	3	5	8

#148

3	5	9	4	1	8	7	2	6
6	1	7	9	3	2	8	5	4
4	8	2	5	6	7	1	9	3
7	2	4	3	8	5	6	1	9
1	9	5	6	7	4	2	3	8
8	6	3	2	9	1	5	4	7
5	3	8	7	2	9	4	6	1
9	4	1	8	5	6	3	7	2
2	7	6	1	4	3	9	8	5

#149

8	6	5	2	3	4	1	7	9
4	7	2	6	9	1	8	3	5
3	1	9	7	5	8	6	2	4
7	3	6	1	8	5	9	4	2
5	4	1	9	6	2	3	8	7
2	9	8	4	7	3	5	6	1
6	5	4	8	1	7	2	9	3
9	2	3	5	4	6	7	1	8
1	8	7	3	2	9	4	5	6

#150

2	3	5	9	1	7	8	4	6
1	6	8	2	5	4	9	7	3
4	7	9	6	8	3	2	5	1
9	8	7	4	2	6	1	3	5
6	1	2	3	7	5	4	8	9
3	5	4	1	9	8	6	2	7
7	2	6	8	3	1	5	9	4
5	9	1	7	4	2	3	6	8
8	4	3	5	6	9	7	1	2

#151

3	2	4	5	6	1	8	9	7
9	8	1	4	3	7	6	2	5
6	7	5	8	9	2	3	1	4
5	3	7	6	4	9	2	8	1
4	6	2	3	1	8	7	5	9
8	1	9	7	2	5	4	6	3
2	5	6	1	7	3	9	4	8
1	4	3	9	8	6	5	7	2
7	9	8	2	5	4	1	3	6

#152

8	1	3	6	7	9	2	5	4
5	6	9	4	1	2	3	8	7
4	7	2	5	3	8	1	9	6
6	4	5	8	2	1	7	3	9
2	9	7	3	5	6	4	1	8
1	3	8	7	9	4	6	2	5
9	5	6	1	4	3	8	7	2
7	8	1	2	6	5	9	4	3
3	2	4	9	8	7	5	6	1

#153

1	6	2	9	7	8	4	5	3
5	7	9	3	4	1	2	6	8
4	8	3	5	6	2	1	9	7
6	2	4	7	5	9	8	3	1
3	5	1	6	8	4	7	2	9
8	9	7	1	2	3	6	4	5
2	4	5	8	9	7	3	1	6
9	1	8	4	3	6	5	7	2
7	3	6	2	1	5	9	8	4

#154

6	5	7	9	4	1	8	2	3
9	4	2	8	7	3	5	6	1
1	3	8	2	5	6	4	7	9
3	1	6	5	8	2	7	9	4
7	2	5	6	9	4	1	3	8
8	9	4	3	1	7	2	5	6
5	6	1	4	2	9	3	8	7
2	7	3	1	6	8	9	4	5
4	8	9	7	3	5	6	1	2

#155

9	8	4	5	1	7	2	3	6
1	6	2	3	9	8	7	5	4
3	7	5	4	2	6	1	8	9
6	1	7	2	8	4	5	9	3
8	4	9	7	3	5	6	2	1
5	2	3	9	6	1	4	7	8
7	9	8	1	4	2	3	6	5
2	3	1	6	5	9	8	4	7
4	5	6	8	7	3	9	1	2

#156

7	3	8	5	2	1	4	6	9
6	5	9	3	7	4	1	2	8
2	4	1	8	6	9	7	5	3
5	8	2	1	4	3	6	9	7
4	7	3	6	9	5	2	8	1
9	1	6	2	8	7	3	4	5
8	6	5	7	3	2	9	1	4
1	9	7	4	5	6	8	3	2
3	2	4	9	1	8	5	7	6

#157

1	6	8	5	9	7	4	3	2
9	5	2	1	4	3	8	6	7
4	7	3	8	6	2	5	9	1
7	8	6	2	3	1	9	5	4
3	2	9	7	5	4	1	8	6
5	1	4	9	8	6	2	7	3
2	4	5	6	7	8	3	1	9
8	3	7	4	1	9	6	2	5
6	9	1	3	2	5	7	4	8

#158

3	6	1	8	5	7	9	4	2
2	7	5	3	4	9	8	6	1
4	8	9	2	6	1	3	7	5
8	2	6	4	1	5	7	9	3
9	4	3	7	2	8	1	5	6
5	1	7	6	9	3	4	2	8
6	9	4	1	3	2	5	8	7
1	5	8	9	7	6	2	3	4
7	3	2	5	8	4	6	1	9

#159

2	3	7	6	8	1	5	9	4
8	9	6	4	5	3	2	7	1
1	5	4	2	9	7	3	8	6
3	7	9	5	1	2	4	6	8
5	1	8	7	4	6	9	3	2
6	4	2	9	3	8	1	5	7
4	8	5	1	6	9	7	2	3
9	2	3	8	7	4	6	1	5
7	6	1	3	2	5	8	4	9

#160

6	2	1	4	9	3	7	5	8
3	8	4	5	6	7	2	9	1
5	9	7	8	1	2	3	6	4
8	1	5	6	3	4	9	2	7
2	4	9	1	7	5	6	8	3
7	6	3	2	8	9	1	4	5
9	7	6	3	4	8	5	1	2
4	3	2	9	5	1	8	7	6
1	5	8	7	2	6	4	3	9

#161

5	4	6	8	2	9	1	7	3
7	2	1	6	3	5	9	8	4
8	9	3	4	1	7	2	6	5
9	3	2	1	8	6	4	5	7
1	6	5	2	7	4	8	3	9
4	7	8	5	9	3	6	1	2
2	5	7	9	6	1	3	4	8
3	1	9	7	4	8	5	2	6
6	8	4	3	5	2	7	9	1

#162

4	9	8	6	2	1	3	7	5
3	6	7	8	4	5	1	2	9
1	2	5	9	3	7	4	8	6
8	5	6	1	7	3	2	9	4
9	1	2	5	6	4	7	3	8
7	4	3	2	8	9	5	6	1
6	7	9	4	5	2	8	1	3
2	8	4	3	1	6	9	5	7
5	3	1	7	9	8	6	4	2

#163

5	6	3	8	4	2	1	9	7
9	2	8	7	1	5	3	4	6
7	1	4	3	9	6	8	2	5
4	3	6	1	2	8	7	5	9
8	9	7	4	5	3	2	6	1
2	5	1	6	7	9	4	3	8
6	8	5	2	3	7	9	1	4
3	4	9	5	8	1	6	7	2
1	7	2	9	6	4	5	8	3

#164

6	5	1	4	8	3	7	9	2
2	4	9	6	7	1	5	8	3
7	3	8	5	2	9	6	1	4
9	2	7	3	6	4	1	5	8
3	6	5	9	1	8	4	2	7
8	1	4	2	5	7	3	6	9
1	8	2	7	3	6	9	4	5
4	7	6	8	9	5	2	3	1
5	9	3	1	4	2	8	7	6

#165

2	9	7	8	4	6	5	3	1
4	6	5	3	1	7	8	2	9
3	1	8	2	9	5	7	6	4
7	2	9	1	6	8	4	5	3
5	3	6	9	7	4	1	8	2
1	8	4	5	3	2	6	9	7
6	7	2	4	5	9	3	1	8
9	5	3	7	8	1	2	4	6
8	4	1	6	2	3	9	7	5

#166

5	4	6	7	8	3	1	2	9
7	2	8	6	9	1	5	4	3
3	1	9	2	5	4	6	8	7
1	7	3	8	6	5	4	9	2
9	5	2	4	1	7	8	3	6
6	8	4	3	2	9	7	5	1
2	9	5	1	4	6	3	7	8
8	3	1	5	7	2	9	6	4
4	6	7	9	3	8	2	1	5

#167

3	1	9	2	7	8	5	6	4
8	2	4	1	6	5	3	7	9
7	5	6	3	4	9	1	8	2
9	4	1	7	8	2	6	5	3
5	8	7	6	9	3	4	2	1
2	6	3	4	5	1	7	9	8
1	7	8	9	3	6	2	4	5
4	9	2	5	1	7	8	3	6
6	3	5	8	2	4	9	1	7

#168

1	4	3	8	5	2	7	6	9
9	6	7	4	1	3	8	2	5
2	5	8	7	9	6	1	3	4
3	9	5	2	6	7	4	8	1
4	2	6	5	8	1	9	7	3
7	8	1	9	3	4	2	5	6
6	3	9	1	7	8	5	4	2
8	1	4	3	2	5	6	9	7
5	7	2	6	4	9	3	1	8

#169

1	5	8	2	6	7	4	3	9
7	9	3	8	5	4	6	2	1
6	4	2	3	9	1	5	8	7
5	2	9	6	7	3	8	1	4
3	1	4	5	8	2	7	9	6
8	7	6	4	1	9	3	5	2
2	8	1	7	3	6	9	4	5
4	6	5	9	2	8	1	7	3
9	3	7	1	4	5	2	6	8

#170

5	6	1	9	7	2	8	3	4
4	9	3	8	1	5	2	6	7
7	2	8	3	6	4	1	5	9
8	5	2	4	9	6	3	7	1
3	7	6	1	2	8	9	4	5
9	1	4	7	5	3	6	8	2
6	4	7	2	8	9	5	1	3
2	3	5	6	4	1	7	9	8
1	8	9	5	3	7	4	2	6

#171

8	6	2	1	7	5	4	3	9
9	1	4	8	2	3	6	5	7
5	7	3	9	6	4	1	8	2
7	8	9	3	1	2	5	6	4
3	4	5	7	9	6	8	2	1
1	2	6	4	5	8	7	9	3
6	5	1	2	4	9	3	7	8
2	3	7	5	8	1	9	4	6
4	9	8	6	3	7	2	1	5

#172

2	3	8	6	4	5	7	1	9
4	1	7	2	8	9	5	3	6
6	9	5	7	1	3	2	8	4
9	4	3	5	2	1	6	7	8
5	2	1	8	7	6	4	9	3
7	8	6	9	3	4	1	5	2
8	6	9	1	5	2	3	4	7
1	7	4	3	6	8	9	2	5
3	5	2	4	9	7	8	6	1

#173

9	7	4	2	8	3	6	1	5
1	3	5	6	7	9	2	4	8
6	2	8	5	4	1	3	7	9
5	4	7	9	1	6	8	2	3
2	1	3	7	5	8	4	9	6
8	6	9	3	2	4	1	5	7
7	9	6	1	3	2	5	8	4
3	8	1	4	9	5	7	6	2
4	5	2	8	6	7	9	3	1

#174

6	9	3	8	5	1	4	7	2
5	4	8	3	2	7	6	1	9
7	1	2	9	4	6	5	3	8
3	8	7	5	1	4	9	2	6
9	6	1	7	8	2	3	5	4
4	2	5	6	9	3	7	8	1
2	5	9	4	7	8	1	6	3
8	7	6	1	3	9	2	4	5
1	3	4	2	6	5	8	9	7

#175

2	1	8	7	9	5	4	6	3
5	4	3	2	8	6	9	1	7
6	7	9	3	4	1	8	5	2
1	3	5	6	7	9	2	8	4
9	8	7	5	2	4	6	3	1
4	2	6	1	3	8	5	7	9
7	9	1	8	6	2	3	4	5
8	5	2	4	1	3	7	9	6
3	6	4	9	5	7	1	2	8

#176

3	2	5	6	4	7	9	1	8
8	6	1	2	5	9	4	7	3
4	7	9	3	1	8	6	2	5
2	4	7	5	8	1	3	9	6
5	9	8	7	6	3	2	4	1
6	1	3	9	2	4	5	8	7
7	8	2	4	3	6	1	5	9
1	5	6	8	9	2	7	3	4
9	3	4	1	7	5	8	6	2

#177

5	8	6	7	2	9	3	1	4
1	4	2	3	8	5	7	6	9
3	9	7	6	1	4	5	2	8
7	3	1	9	5	6	4	8	2
4	5	8	1	3	2	6	9	7
2	6	9	8	4	7	1	3	5
6	7	5	2	9	1	8	4	3
8	2	4	5	6	3	9	7	1
9	1	3	4	7	8	2	5	6

#178

9	1	7	4	5	8	6	3	2
4	2	3	9	7	6	8	5	1
6	8	5	1	3	2	4	7	9
1	6	4	2	8	7	5	9	3
7	3	2	5	6	9	1	4	8
5	9	8	3	4	1	2	6	7
2	4	9	7	1	5	3	8	6
8	5	1	6	9	3	7	2	4
3	7	6	8	2	4	9	1	5

#179

9	7	5	2	6	4	1	8	3
3	6	1	5	9	8	7	4	2
4	8	2	1	3	7	5	9	6
1	3	6	7	8	5	4	2	9
8	2	7	6	4	9	3	1	5
5	9	4	3	1	2	6	7	8
2	5	9	4	7	6	8	3	1
7	1	8	9	5	3	2	6	4
6	4	3	8	2	1	9	5	7

#180

5	6	1	3	9	7	8	4	2
7	9	2	5	8	4	6	3	1
4	3	8	2	1	6	9	5	7
8	7	4	6	2	1	3	9	5
9	5	6	4	7	3	2	1	8
1	2	3	9	5	8	7	6	4
6	8	7	1	4	9	5	2	3
2	4	9	7	3	5	1	8	6
3	1	5	8	6	2	4	7	9

#181

3	2	4	8	9	7	6	5	1
1	9	6	2	3	5	4	7	8
8	5	7	6	4	1	9	2	3
4	6	2	7	1	9	3	8	5
5	3	8	4	2	6	1	9	7
9	7	1	5	8	3	2	4	6
6	8	9	1	5	2	7	3	4
2	1	5	3	7	4	8	6	9
7	4	3	9	6	8	5	1	2

#182

8	7	2	5	4	6	1	3	9
9	6	1	8	3	2	4	7	5
5	4	3	1	9	7	8	6	2
3	2	9	6	1	4	7	5	8
6	1	8	7	2	5	3	9	4
4	5	7	9	8	3	6	2	1
2	8	5	3	7	1	9	4	6
1	3	4	2	6	9	5	8	7
7	9	6	4	5	8	2	1	3

#183

5	3	9	8	7	1	4	6	2
8	6	2	5	3	4	1	7	9
4	7	1	2	6	9	5	8	3
2	9	6	1	8	3	7	4	5
3	8	4	6	5	7	2	9	1
7	1	5	4	9	2	6	3	8
6	2	3	7	1	8	9	5	4
9	4	7	3	2	5	8	1	6
1	5	8	9	4	6	3	2	7

#184

5	8	2	7	6	1	9	3	4
1	4	7	9	3	2	5	6	8
6	9	3	4	8	5	1	7	2
7	2	8	6	5	9	3	4	1
4	3	6	2	1	8	7	5	9
9	1	5	3	7	4	8	2	6
8	6	4	5	9	3	2	1	7
2	5	1	8	4	7	6	9	3
3	7	9	1	2	6	4	8	5

#185

6	9	8	7	4	1	2	3	5
2	3	5	9	8	6	7	1	4
4	7	1	2	5	3	6	9	8
9	4	3	1	2	5	8	6	7
8	1	2	3	6	7	4	5	9
5	6	7	8	9	4	1	2	3
7	2	4	6	3	9	5	8	1
3	5	6	4	1	8	9	7	2
1	8	9	5	7	2	3	4	6

#186

8	4	3	9	5	1	7	6	2
6	7	9	2	8	4	3	5	1
1	5	2	7	3	6	8	9	4
7	9	4	6	1	3	2	8	5
5	6	8	4	2	7	9	1	3
2	3	1	5	9	8	4	7	6
3	2	7	1	6	9	5	4	8
4	1	5	8	7	2	6	3	9
9	8	6	3	4	5	1	2	7

#187

9	6	1	5	3	8	7	2	4
2	5	7	1	9	4	3	8	6
3	8	4	6	7	2	5	1	9
7	4	6	3	2	1	9	5	8
1	2	5	4	8	9	6	3	7
8	3	9	7	5	6	1	4	2
5	9	2	8	1	7	4	6	3
6	7	3	2	4	5	8	9	1
4	1	8	9	6	3	2	7	5

#188

5	4	1	2	8	7	3	9	6
7	9	8	4	3	6	1	5	2
6	2	3	5	1	9	8	4	7
2	6	9	8	4	1	5	7	3
4	3	5	6	7	2	9	8	1
8	1	7	9	5	3	2	6	4
9	5	6	1	2	4	7	3	8
3	8	2	7	6	5	4	1	9
1	7	4	3	9	8	6	2	5

#189

3	9	7	2	6	1	4	8	5
8	6	5	3	4	9	2	7	1
4	1	2	7	8	5	3	9	6
1	7	9	4	3	2	5	6	8
2	8	6	9	5	7	1	3	4
5	4	3	8	1	6	9	2	7
6	2	1	5	9	8	7	4	3
7	5	4	6	2	3	8	1	9
9	3	8	1	7	4	6	5	2

#190

4	9	8	7	3	5	6	1	2
3	2	1	4	8	6	5	9	7
6	5	7	1	2	9	8	3	4
8	1	3	2	4	7	9	5	6
9	4	6	5	1	8	7	2	3
5	7	2	9	6	3	1	4	8
7	6	9	3	5	2	4	8	1
2	8	4	6	9	1	3	7	5
1	3	5	8	7	4	2	6	9

#191

6	5	3	1	7	4	9	2	8
9	8	4	6	3	2	1	7	5
1	2	7	5	8	9	4	6	3
7	6	9	8	4	1	5	3	2
8	4	1	2	5	3	7	9	6
5	3	2	7	9	6	8	1	4
4	7	6	9	2	8	3	5	1
3	1	5	4	6	7	2	8	9
2	9	8	3	1	5	6	4	7

#192

1	6	5	3	4	7	8	2	9
8	3	2	5	6	9	1	7	4
9	4	7	2	8	1	5	6	3
2	5	1	4	7	8	3	9	6
7	9	3	6	2	5	4	1	8
4	8	6	9	1	3	7	5	2
5	2	4	7	3	6	9	8	1
6	7	8	1	9	4	2	3	5
3	1	9	8	5	2	6	4	7

#193

7	8	4	5	1	3	9	6	2
9	3	6	2	4	8	5	1	7
2	5	1	6	7	9	4	3	8
5	4	3	7	8	1	6	2	9
6	7	8	3	9	2	1	4	5
1	9	2	4	5	6	8	7	3
3	1	5	8	2	4	7	9	6
8	6	9	1	3	7	2	5	4
4	2	7	9	6	5	3	8	1

#194

4	6	8	2	9	7	3	1	5
3	7	2	8	5	1	6	9	4
5	1	9	6	4	3	7	2	8
9	4	1	3	8	6	5	7	2
8	3	5	9	7	2	4	6	1
6	2	7	4	1	5	9	8	3
1	8	3	5	6	9	2	4	7
2	9	4	7	3	8	1	5	6
7	5	6	1	2	4	8	3	9

#195

8	5	6	9	3	7	2	4	1
3	9	4	8	1	2	7	5	6
7	2	1	5	6	4	8	3	9
9	7	5	4	2	3	6	1	8
2	6	3	1	8	9	5	7	4
4	1	8	7	5	6	9	2	3
5	3	7	6	9	1	4	8	2
1	8	9	2	4	5	3	6	7
6	4	2	3	7	8	1	9	5

#196

1	6	7	2	9	5	8	4	3
9	8	5	6	4	3	1	2	7
2	4	3	7	1	8	5	9	6
6	1	8	5	2	4	7	3	9
3	5	9	8	6	7	4	1	2
7	2	4	1	3	9	6	8	5
8	3	1	9	5	6	2	7	4
4	7	6	3	8	2	9	5	1
5	9	2	4	7	1	3	6	8

#197

2	8	1	6	4	5	7	9	3
9	7	5	2	3	8	1	6	4
3	4	6	7	1	9	8	5	2
6	9	4	5	2	7	3	1	8
5	3	2	1	8	6	9	4	7
7	1	8	4	9	3	5	2	6
8	6	7	9	5	2	4	3	1
1	2	9	3	7	4	6	8	5
4	5	3	8	6	1	2	7	9

#198

5	8	1	2	4	6	3	9	7
4	9	3	1	7	5	2	6	8
2	6	7	3	9	8	4	5	1
1	3	2	8	6	4	9	7	5
9	4	6	5	2	7	8	1	3
7	5	8	9	3	1	6	2	4
3	2	5	7	8	9	1	4	6
8	7	4	6	1	2	5	3	9
6	1	9	4	5	3	7	8	2

#199

9	7	2	8	1	6	3	5	4
4	8	3	2	9	5	6	1	7
5	1	6	4	7	3	8	9	2
8	2	5	1	3	4	7	6	9
3	6	9	7	5	8	4	2	1
1	4	7	6	2	9	5	8	3
7	9	8	3	6	2	1	4	5
2	3	4	5	8	1	9	7	6
6	5	1	9	4	7	2	3	8

#200

1	4	3	8	5	9	2	7	6
5	8	7	6	4	2	3	9	1
6	9	2	3	1	7	5	4	8
8	1	5	2	9	3	7	6	4
7	3	9	4	8	6	1	2	5
4	2	6	5	7	1	8	3	9
3	6	8	9	2	5	4	1	7
2	7	4	1	6	8	9	5	3
9	5	1	7	3	4	6	8	2

#201

7	1	2	4	5	9	8	3	6
8	9	3	6	1	7	2	4	5
4	6	5	3	8	2	7	9	1
3	8	1	5	6	4	9	7	2
6	5	7	2	9	8	4	1	3
9	2	4	7	3	1	6	5	8
2	4	6	1	7	3	5	8	9
5	3	8	9	4	6	1	2	7
1	7	9	8	2	5	3	6	4

#202

3	7	6	4	5	2	1	8	9
5	8	9	7	1	6	3	4	2
1	4	2	3	9	8	5	7	6
4	9	3	2	8	7	6	1	5
7	2	8	5	6	1	4	9	3
6	5	1	9	3	4	7	2	8
8	3	4	6	7	9	2	5	1
2	1	5	8	4	3	9	6	7
9	6	7	1	2	5	8	3	4

#203

6	4	1	2	7	3	8	9	5
9	5	3	8	6	4	2	7	1
2	8	7	1	9	5	6	3	4
4	3	2	6	8	7	1	5	9
1	9	5	4	3	2	7	6	8
7	6	8	5	1	9	3	4	2
8	7	9	3	5	1	4	2	6
3	1	4	9	2	6	5	8	7
5	2	6	7	4	8	9	1	3

#204

9	3	4	1	6	5	8	7	2
6	7	2	4	3	8	9	5	1
8	1	5	7	2	9	3	4	6
4	6	7	3	1	2	5	9	8
2	8	3	9	5	6	4	1	7
5	9	1	8	7	4	6	2	3
1	5	9	2	8	3	7	6	4
7	4	8	6	9	1	2	3	5
3	2	6	5	4	7	1	8	9

#205

3	8	2	4	7	5	6	9	1
6	1	4	9	3	8	5	7	2
5	7	9	1	6	2	3	4	8
1	4	8	6	2	9	7	3	5
2	5	3	7	1	4	8	6	9
9	6	7	8	5	3	2	1	4
8	2	1	3	4	7	9	5	6
7	9	6	5	8	1	4	2	3
4	3	5	2	9	6	1	8	7

#208

8	1	3	6	7	2	5	9	4
5	2	7	9	8	4	1	3	6
4	9	6	1	3	5	8	2	7
3	4	5	8	6	9	2	7	1
7	6	9	2	4	1	3	5	8
2	8	1	7	5	3	6	4	9
9	5	2	4	1	8	7	6	3
6	3	8	5	9	7	4	1	2
1	7	4	3	2	6	9	8	5

#206

5	8	6	3	9	1	2	7	4
9	4	2	7	6	5	8	3	1
7	1	3	4	8	2	9	5	6
4	6	5	2	7	3	1	9	8
1	3	8	6	5	9	7	4	2
2	7	9	1	4	8	5	6	3
3	5	7	8	2	4	6	1	9
6	2	4	9	1	7	3	8	5
8	9	1	5	3	6	4	2	7

#209

2	5	7	1	3	4	6	9	8
8	9	4	6	7	5	2	3	1
3	1	6	2	8	9	4	7	5
9	4	2	3	6	8	5	1	7
7	6	8	5	9	1	3	2	4
1	3	5	4	2	7	8	6	9
6	8	9	7	4	2	1	5	3
5	7	3	8	1	6	9	4	2
4	2	1	9	5	3	7	8	6

#207

1	5	4	8	6	7	2	9	3
3	7	2	1	4	9	6	5	8
6	9	8	2	5	3	7	1	4
2	3	9	7	8	4	1	6	5
4	6	1	5	3	2	8	7	9
5	8	7	6	9	1	3	4	2
8	1	3	9	7	5	4	2	6
9	2	6	4	1	8	5	3	7
7	4	5	3	2	6	9	8	1

#210

8	5	2	1	9	6	3	4	7
4	3	1	5	2	7	6	8	9
6	9	7	8	3	4	5	1	2
9	8	6	2	5	1	7	3	4
2	4	5	9	7	3	8	6	1
1	7	3	6	4	8	2	9	5
3	1	9	7	8	5	4	2	6
5	6	8	4	1	2	9	7	3
7	2	4	3	6	9	1	5	8

#211

8	3	1	5	6	2	7	4	9
2	6	5	4	9	7	1	3	8
7	4	9	3	1	8	2	6	5
1	7	4	2	5	6	8	9	3
9	2	3	1	8	4	5	7	6
5	8	6	7	3	9	4	1	2
4	5	8	9	7	3	6	2	1
3	1	7	6	2	5	9	8	4
6	9	2	8	4	1	3	5	7

#212

9	1	2	6	4	7	5	8	3
4	5	7	3	8	1	6	2	9
6	8	3	2	9	5	4	7	1
8	6	5	1	2	3	9	4	7
7	3	4	5	6	9	8	1	2
2	9	1	8	7	4	3	5	6
3	7	6	4	1	8	2	9	5
5	4	9	7	3	2	1	6	8
1	2	8	9	5	6	7	3	4

#213

2	6	3	1	4	7	8	9	5
7	5	9	8	2	3	4	1	6
1	8	4	9	6	5	7	2	3
5	3	8	7	1	9	6	4	2
4	7	2	5	8	6	1	3	9
9	1	6	4	3	2	5	8	7
8	2	7	6	9	4	3	5	1
6	9	1	3	5	8	2	7	4
3	4	5	2	7	1	9	6	8

#214

3	8	4	1	2	9	6	5	7
5	7	1	6	8	4	9	3	2
2	9	6	5	3	7	4	8	1
6	1	9	2	5	8	7	4	3
8	3	7	4	9	1	5	2	6
4	5	2	3	7	6	8	1	9
9	2	8	7	1	5	3	6	4
7	4	3	8	6	2	1	9	5
1	6	5	9	4	3	2	7	8

#215

8	6	1	7	2	5	9	4	3
7	2	4	9	3	8	1	5	6
9	3	5	4	6	1	2	8	7
4	9	6	8	7	2	3	1	5
5	8	7	1	4	3	6	2	9
2	1	3	6	5	9	4	7	8
1	4	8	5	9	6	7	3	2
3	7	9	2	8	4	5	6	1
6	5	2	3	1	7	8	9	4

#216

1	7	5	8	3	6	2	9	4
4	2	3	9	1	7	6	5	8
6	9	8	4	2	5	3	7	1
2	5	1	3	7	8	9	4	6
7	3	6	5	9	4	1	8	2
8	4	9	1	6	2	5	3	7
3	8	7	6	5	1	4	2	9
9	6	2	7	4	3	8	1	5
5	1	4	2	8	9	7	6	3

#217

7	4	2	6	3	5	1	9	8
5	3	8	1	7	9	4	2	6
6	9	1	4	2	8	3	5	7
4	8	5	2	6	1	9	7	3
2	1	7	3	9	4	6	8	5
3	6	9	5	8	7	2	4	1
8	2	6	9	5	3	7	1	4
9	5	4	7	1	6	8	3	2
1	7	3	8	4	2	5	6	9

#218

7	4	9	3	1	2	5	6	8
3	1	2	6	8	5	4	9	7
5	6	8	4	9	7	3	1	2
4	5	6	2	3	1	7	8	9
9	8	3	7	5	6	1	2	4
1	2	7	8	4	9	6	3	5
2	7	1	9	6	4	8	5	3
8	9	5	1	7	3	2	4	6
6	3	4	5	2	8	9	7	1

#219

7	9	5	1	6	3	8	2	4
3	4	1	2	9	8	5	6	7
6	2	8	7	5	4	1	3	9
1	8	2	5	7	9	6	4	3
4	6	9	8	3	1	2	7	5
5	7	3	4	2	6	9	8	1
2	5	4	9	8	7	3	1	6
9	1	6	3	4	2	7	5	8
8	3	7	6	1	5	4	9	2

#220

8	6	3	4	2	5	7	9	1
9	2	1	6	7	8	3	4	5
5	7	4	9	1	3	2	8	6
1	9	8	2	5	6	4	7	3
6	3	2	7	9	4	5	1	8
4	5	7	3	8	1	9	6	2
2	8	5	1	4	7	6	3	9
3	4	9	8	6	2	1	5	7
7	1	6	5	3	9	8	2	4

#221

4	5	7	2	9	8	6	3	1
6	8	3	4	1	7	5	9	2
9	1	2	3	5	6	7	4	8
3	2	9	6	4	1	8	5	7
1	4	8	9	7	5	2	6	3
5	7	6	8	2	3	4	1	9
8	9	4	1	6	2	3	7	5
2	6	5	7	3	9	1	8	4
7	3	1	5	8	4	9	2	6

#222

9	3	7	6	4	1	2	8	5
1	4	2	9	5	8	6	3	7
5	6	8	7	2	3	9	4	1
2	9	4	3	1	5	8	7	6
7	8	3	2	6	9	5	1	4
6	1	5	4	8	7	3	2	9
4	5	9	1	3	2	7	6	8
3	7	1	8	9	6	4	5	2
8	2	6	5	7	4	1	9	3

#223

8	9	3	2	5	4	7	1	6
7	2	1	6	9	8	4	5	3
6	4	5	1	3	7	9	8	2
4	7	9	5	2	6	8	3	1
3	8	6	4	1	9	2	7	5
1	5	2	7	8	3	6	4	9
5	6	7	3	4	2	1	9	8
9	3	4	8	6	1	5	2	7
2	1	8	9	7	5	3	6	4

#224

6	7	5	8	2	9	3	4	1
8	4	9	1	5	3	7	2	6
1	3	2	4	6	7	5	9	8
4	2	1	7	8	5	6	3	9
7	8	3	2	9	6	1	5	4
5	9	6	3	1	4	8	7	2
9	5	4	6	7	8	2	1	3
2	6	7	9	3	1	4	8	5
3	1	8	5	4	2	9	6	7

#225

7	4	9	3	8	1	6	5	2
5	1	3	2	9	6	4	8	7
6	2	8	4	5	7	3	9	1
8	6	1	9	7	3	5	2	4
4	3	5	1	6	2	8	7	9
2	9	7	8	4	5	1	6	3
1	5	2	6	3	9	7	4	8
9	7	4	5	1	8	2	3	6
3	8	6	7	2	4	9	1	5

#226

3	2	7	9	1	8	6	5	4
1	9	6	2	4	5	7	3	8
8	5	4	7	6	3	9	2	1
7	8	3	1	9	2	4	6	5
6	1	5	4	3	7	2	8	9
9	4	2	8	5	6	1	7	3
4	3	8	6	2	9	5	1	7
5	6	9	3	7	1	8	4	2
2	7	1	5	8	4	3	9	6

#227

2	7	3	1	4	8	5	9	6
5	1	9	2	3	6	4	8	7
8	6	4	5	7	9	3	2	1
9	5	6	3	1	2	7	4	8
3	4	1	9	8	7	6	5	2
7	8	2	4	6	5	9	1	3
4	2	7	6	5	1	8	3	9
1	3	8	7	9	4	2	6	5
6	9	5	8	2	3	1	7	4

#228

3	8	6	7	4	5	1	2	9
2	1	9	3	6	8	4	5	7
5	7	4	1	2	9	8	3	6
6	3	2	4	1	7	9	8	5
4	5	7	9	8	3	6	1	2
1	9	8	6	5	2	7	4	3
9	2	3	8	7	1	5	6	4
7	6	1	5	3	4	2	9	8
8	4	5	2	9	6	3	7	1

#229

9	3	7	8	4	2	6	1	5
6	5	4	3	1	9	2	8	7
1	2	8	7	6	5	4	9	3
8	7	3	2	9	1	5	6	4
4	1	9	5	3	6	8	7	2
2	6	5	4	7	8	9	3	1
3	9	6	1	5	4	7	2	8
5	8	1	6	2	7	3	4	9
7	4	2	9	8	3	1	5	6

#230

7	3	6	1	8	2	5	9	4
5	2	8	9	3	4	1	6	7
1	4	9	6	5	7	2	8	3
2	1	3	8	4	9	7	5	6
8	9	7	5	2	6	3	4	1
6	5	4	3	7	1	9	2	8
3	7	5	4	9	8	6	1	2
4	6	2	7	1	5	8	3	9
9	8	1	2	6	3	4	7	5

#231

4	2	7	3	8	5	6	1	9
1	3	6	7	2	9	5	8	4
8	5	9	6	4	1	2	7	3
5	8	2	4	9	7	1	3	6
9	4	1	5	3	6	8	2	7
7	6	3	8	1	2	4	9	5
6	9	5	2	7	8	3	4	1
2	7	4	1	5	3	9	6	8
3	1	8	9	6	4	7	5	2

#232

6	2	3	5	4	7	8	1	9
8	4	7	1	2	9	3	5	6
9	5	1	3	6	8	4	2	7
1	3	2	8	9	5	6	7	4
5	8	6	7	3	4	1	9	2
4	7	9	2	1	6	5	8	3
3	9	8	6	5	2	7	4	1
2	6	5	4	7	1	9	3	8
7	1	4	9	8	3	2	6	5

#233

3	1	2	8	9	6	4	5	7
4	6	8	1	5	7	2	3	9
7	5	9	4	3	2	8	1	6
8	4	5	7	1	9	3	6	2
6	3	1	5	2	4	9	7	8
2	9	7	3	6	8	1	4	5
5	2	3	9	7	1	6	8	4
1	8	6	2	4	5	7	9	3
9	7	4	6	8	3	5	2	1

#234

8	4	2	7	6	9	5	3	1
1	5	9	4	2	3	6	7	8
7	6	3	1	8	5	4	9	2
9	7	6	2	3	8	1	4	5
5	2	4	9	7	1	3	8	6
3	1	8	6	5	4	9	2	7
6	9	7	5	4	2	8	1	3
4	8	5	3	1	7	2	6	9
2	3	1	8	9	6	7	5	4

#235

9	5	8	1	2	3	6	7	4
3	4	6	5	9	7	8	2	1
2	7	1	8	6	4	9	5	3
4	9	5	7	1	2	3	8	6
1	3	2	9	8	6	5	4	7
6	8	7	3	4	5	1	9	2
8	6	3	2	7	9	4	1	5
5	2	9	4	3	1	7	6	8
7	1	4	6	5	8	2	3	9

#236

3	9	6	2	1	5	8	4	7
5	4	8	7	3	6	1	2	9
1	7	2	8	4	9	6	5	3
6	5	7	3	2	8	9	1	4
4	8	9	5	6	1	3	7	2
2	3	1	9	7	4	5	8	6
8	6	3	4	5	2	7	9	1
7	2	5	1	9	3	4	6	8
9	1	4	6	8	7	2	3	5

#237

3	2	1	4	6	8	9	7	5
6	7	8	9	1	5	4	2	3
9	4	5	7	2	3	6	8	1
4	6	9	8	5	1	2	3	7
7	8	2	6	3	9	1	5	4
1	5	3	2	7	4	8	6	9
8	3	4	5	9	6	7	1	2
2	1	6	3	4	7	5	9	8
5	9	7	1	8	2	3	4	6

#238

4	6	7	9	2	1	8	5	3
5	8	3	7	6	4	9	2	1
1	9	2	5	3	8	6	4	7
3	5	4	2	1	9	7	8	6
7	2	6	4	8	3	5	1	9
8	1	9	6	5	7	4	3	2
6	4	8	1	9	2	3	7	5
2	3	5	8	7	6	1	9	4
9	7	1	3	4	5	2	6	8

#239

2	6	5	4	9	7	8	1	3
9	1	8	3	2	5	7	4	6
3	7	4	6	8	1	5	9	2
8	9	2	5	1	6	4	3	7
7	5	6	8	3	4	1	2	9
4	3	1	2	7	9	6	5	8
5	4	3	9	6	8	2	7	1
6	2	7	1	4	3	9	8	5
1	8	9	7	5	2	3	6	4

#240

8	1	4	2	5	9	6	7	3
2	6	5	7	3	4	9	8	1
3	7	9	1	6	8	4	5	2
1	2	8	6	7	5	3	4	9
6	5	3	4	9	2	7	1	8
9	4	7	8	1	3	2	6	5
5	3	6	9	8	7	1	2	4
4	9	1	5	2	6	8	3	7
7	8	2	3	4	1	5	9	6

#241

6	9	2	5	1	4	3	7	8
3	4	1	2	7	8	9	5	6
8	7	5	6	9	3	1	2	4
9	2	3	8	4	6	7	1	5
4	6	7	1	2	5	8	3	9
5	1	8	7	3	9	6	4	2
1	3	9	4	6	2	5	8	7
2	8	6	3	5	7	4	9	1
7	5	4	9	8	1	2	6	3

#242

4	3	1	6	8	2	5	9	7
6	7	5	4	3	9	8	1	2
8	2	9	5	1	7	6	4	3
7	6	3	8	9	1	4	2	5
1	9	4	3	2	5	7	8	6
2	5	8	7	6	4	1	3	9
9	4	2	1	5	6	3	7	8
5	8	7	2	4	3	9	6	1
3	1	6	9	7	8	2	5	4

#243

6	5	2	7	1	9	3	4	8
8	1	4	5	3	6	9	2	7
7	3	9	4	8	2	6	5	1
2	7	1	9	5	3	4	8	6
4	6	8	1	2	7	5	9	3
3	9	5	8	6	4	1	7	2
9	2	7	6	4	1	8	3	5
1	8	3	2	9	5	7	6	4
5	4	6	3	7	8	2	1	9

#244

2	5	7	4	1	6	8	3	9
9	6	3	8	5	7	4	1	2
8	4	1	9	2	3	5	6	7
1	2	6	5	3	4	7	9	8
7	9	8	1	6	2	3	4	5
5	3	4	7	9	8	6	2	1
6	8	2	3	7	9	1	5	4
4	1	9	6	8	5	2	7	3
3	7	5	2	4	1	9	8	6

#245

6	3	8	1	5	9	4	2	7
5	7	1	3	4	2	8	6	9
2	9	4	6	7	8	1	3	5
8	1	7	5	9	6	3	4	2
9	6	2	7	3	4	5	1	8
4	5	3	2	8	1	9	7	6
1	4	6	8	2	5	7	9	3
3	8	9	4	6	7	2	5	1
7	2	5	9	1	3	6	8	4

#246

8	7	6	3	1	4	5	2	9
9	2	1	8	6	5	7	4	3
3	5	4	2	7	9	1	8	6
6	8	9	7	5	2	4	3	1
4	3	7	1	9	6	8	5	2
2	1	5	4	3	8	6	9	7
7	6	2	5	4	3	9	1	8
5	9	8	6	2	1	3	7	4
1	4	3	9	8	7	2	6	5

#247

5	4	1	2	7	9	6	3	8
7	2	3	6	8	4	9	1	5
6	9	8	5	1	3	2	4	7
3	8	7	4	9	5	1	2	6
1	6	4	8	3	2	5	7	9
2	5	9	1	6	7	3	8	4
9	7	2	3	5	8	4	6	1
4	1	5	7	2	6	8	9	3
8	3	6	9	4	1	7	5	2

#248

8	6	9	1	4	7	2	5	3
1	5	3	2	6	9	8	4	7
2	7	4	3	5	8	6	9	1
9	1	2	8	3	5	7	6	4
5	3	6	7	2	4	1	8	9
4	8	7	6	9	1	3	2	5
7	9	8	5	1	6	4	3	2
6	2	5	4	7	3	9	1	8
3	4	1	9	8	2	5	7	6

#249

6	7	2	9	1	4	8	5	3
8	5	3	7	6	2	9	4	1
4	1	9	3	5	8	6	7	2
7	8	4	6	9	1	3	2	5
2	9	1	5	8	3	4	6	7
3	6	5	4	2	7	1	8	9
1	2	7	8	4	9	5	3	6
5	3	8	1	7	6	2	9	4
9	4	6	2	3	5	7	1	8

#250

7	8	3	1	2	6	9	4	5
9	1	5	7	4	8	2	6	3
2	6	4	5	9	3	7	8	1
3	5	6	4	7	9	8	1	2
8	9	2	6	5	1	3	7	4
1	4	7	3	8	2	5	9	6
4	7	8	2	1	5	6	3	9
5	3	1	9	6	7	4	2	8
6	2	9	8	3	4	1	5	7

#251

6	4	1	5	8	2	9	3	7
5	3	7	9	6	4	8	2	1
8	2	9	7	1	3	6	5	4
9	7	4	6	2	5	1	8	3
2	8	6	4	3	1	5	7	9
1	5	3	8	9	7	4	6	2
7	9	2	1	5	6	3	4	8
3	6	8	2	4	9	7	1	5
4	1	5	3	7	8	2	9	6

#252

1	4	5	3	7	6	8	2	9
9	8	2	4	1	5	3	6	7
7	3	6	2	9	8	4	5	1
2	1	4	8	3	7	5	9	6
3	6	9	1	5	2	7	4	8
8	5	7	9	6	4	1	3	2
6	7	1	5	2	3	9	8	4
5	2	8	7	4	9	6	1	3
4	9	3	6	8	1	2	7	5

#253

5	2	6	3	1	9	7	8	4
8	3	4	7	6	2	1	5	9
7	1	9	4	8	5	3	6	2
3	6	1	5	7	4	2	9	8
4	5	2	9	3	8	6	1	7
9	7	8	1	2	6	5	4	3
6	9	3	2	4	1	8	7	5
1	4	7	8	5	3	9	2	6
2	8	5	6	9	7	4	3	1

#254

1	9	8	7	4	6	5	3	2
3	5	6	2	1	9	8	4	7
2	7	4	3	8	5	1	9	6
6	1	3	4	9	8	7	2	5
8	2	5	1	7	3	4	6	9
9	4	7	6	5	2	3	8	1
5	3	9	8	6	1	2	7	4
4	6	2	5	3	7	9	1	8
7	8	1	9	2	4	6	5	3

#255

7	4	6	1	9	3	5	2	8
3	1	5	8	2	4	7	6	9
8	2	9	6	7	5	4	1	3
1	7	8	2	3	9	6	5	4
9	3	4	5	6	7	2	8	1
6	5	2	4	1	8	3	9	7
2	6	3	7	8	1	9	4	5
5	9	1	3	4	6	8	7	2
4	8	7	9	5	2	1	3	6

#256

7	6	5	3	4	9	1	8	2
3	8	2	5	1	6	7	9	4
4	9	1	2	8	7	5	6	3
1	2	4	9	5	3	8	7	6
5	3	6	8	7	2	4	1	9
9	7	8	1	6	4	2	3	5
6	4	9	7	2	8	3	5	1
8	1	3	4	9	5	6	2	7
2	5	7	6	3	1	9	4	8

#257

1	8	4	9	5	2	6	7	3
9	6	3	4	8	7	1	5	2
2	5	7	3	6	1	8	4	9
3	1	9	7	2	8	5	6	4
8	2	6	5	9	4	3	1	7
7	4	5	6	1	3	9	2	8
4	3	8	1	7	6	2	9	5
6	9	2	8	4	5	7	3	1
5	7	1	2	3	9	4	8	6

#258

7	9	3	1	5	4	6	2	8
6	4	1	9	8	2	7	5	3
8	2	5	6	7	3	4	9	1
5	3	9	8	2	7	1	6	4
2	7	6	5	4	1	8	3	9
1	8	4	3	6	9	5	7	2
4	1	7	2	9	5	3	8	6
3	6	2	7	1	8	9	4	5
9	5	8	4	3	6	2	1	7

#259

2	7	8	4	5	9	6	3	1
1	9	4	3	6	2	8	5	7
3	6	5	8	1	7	4	2	9
8	4	7	1	2	5	9	6	3
9	5	3	6	8	4	1	7	2
6	1	2	9	7	3	5	8	4
4	8	1	7	3	6	2	9	5
5	3	9	2	4	8	7	1	6
7	2	6	5	9	1	3	4	8

#260

9	8	3	6	5	2	1	7	4
5	4	7	9	1	3	6	8	2
2	6	1	8	4	7	5	9	3
3	7	9	1	6	4	8	2	5
1	5	4	7	2	8	9	3	6
6	2	8	5	3	9	7	4	1
8	1	2	4	9	5	3	6	7
4	9	6	3	7	1	2	5	8
7	3	5	2	8	6	4	1	9

#261

6	8	3	2	7	4	1	5	9
5	4	9	1	6	3	2	8	7
1	2	7	9	5	8	4	3	6
8	9	4	7	1	6	3	2	5
2	1	6	3	8	5	9	7	4
3	7	5	4	2	9	6	1	8
9	3	1	8	4	7	5	6	2
4	6	8	5	3	2	7	9	1
7	5	2	6	9	1	8	4	3

#262

3	7	8	2	6	9	4	5	1
1	9	5	4	7	3	6	8	2
6	2	4	5	8	1	3	7	9
9	1	7	3	4	8	5	2	6
5	4	3	7	2	6	9	1	8
8	6	2	9	1	5	7	4	3
7	5	6	1	3	2	8	9	4
4	8	1	6	9	7	2	3	5
2	3	9	8	5	4	1	6	7

#263

2	9	5	1	4	8	6	3	7
4	1	7	2	3	6	8	9	5
8	6	3	9	7	5	2	4	1
1	5	4	6	8	2	3	7	9
6	3	8	4	9	7	5	1	2
9	7	2	3	5	1	4	8	6
5	8	6	7	1	4	9	2	3
3	4	1	5	2	9	7	6	8
7	2	9	8	6	3	1	5	4

#264

2	7	3	6	8	4	5	9	1
9	5	6	3	1	7	4	2	8
4	1	8	5	2	9	6	7	3
1	2	4	9	5	3	8	6	7
6	8	7	1	4	2	3	5	9
3	9	5	8	7	6	1	4	2
7	3	9	4	6	8	2	1	5
5	4	2	7	3	1	9	8	6
8	6	1	2	9	5	7	3	4

#265

9	6	2	5	4	1	3	8	7
8	1	7	6	2	3	5	9	4
5	3	4	8	9	7	1	2	6
6	8	1	4	3	2	9	7	5
4	7	9	1	8	5	6	3	2
3	2	5	7	6	9	8	4	1
1	4	3	2	5	8	7	6	9
2	5	8	9	7	6	4	1	3
7	9	6	3	1	4	2	5	8

#266

6	7	5	2	4	8	1	9	3
9	2	1	5	3	6	8	7	4
8	4	3	7	1	9	5	2	6
4	3	9	8	5	7	2	6	1
7	5	6	1	2	4	9	3	8
2	1	8	6	9	3	4	5	7
1	8	7	9	6	2	3	4	5
5	9	4	3	7	1	6	8	2
3	6	2	4	8	5	7	1	9

#267

6	3	5	7	1	8	2	4	9
1	9	7	4	3	2	8	6	5
2	4	8	9	6	5	7	3	1
7	5	4	2	9	6	3	1	8
3	2	9	8	5	1	6	7	4
8	1	6	3	4	7	5	9	2
4	8	2	1	7	3	9	5	6
5	7	1	6	2	9	4	8	3
9	6	3	5	8	4	1	2	7

#268

2	3	9	1	5	7	8	6	4
8	7	1	4	6	3	2	5	9
5	6	4	2	8	9	1	7	3
6	8	7	3	1	4	9	2	5
4	5	2	9	7	8	6	3	1
1	9	3	5	2	6	4	8	7
9	2	5	8	3	1	7	4	6
3	1	6	7	4	2	5	9	8
7	4	8	6	9	5	3	1	2

#269

5	1	8	7	9	6	2	4	3
7	3	6	2	8	4	1	5	9
9	4	2	5	3	1	8	7	6
1	6	4	9	7	8	5	3	2
2	8	9	6	5	3	4	1	7
3	5	7	1	4	2	6	9	8
8	9	3	4	2	5	7	6	1
6	7	5	8	1	9	3	2	4
4	2	1	3	6	7	9	8	5

#270

9	3	2	6	7	8	1	4	5
7	5	1	4	9	2	8	3	6
6	8	4	1	5	3	2	7	9
1	7	9	8	2	4	5	6	3
3	4	8	7	6	5	9	2	1
2	6	5	9	3	1	4	8	7
8	1	6	3	4	9	7	5	2
4	2	3	5	1	7	6	9	8
5	9	7	2	8	6	3	1	4

#271

9	2	8	3	5	6	1	4	7
1	4	7	8	9	2	3	5	6
3	6	5	7	4	1	2	9	8
2	7	1	4	8	3	9	6	5
5	8	3	2	6	9	7	1	4
4	9	6	1	7	5	8	2	3
8	1	4	5	2	7	6	3	9
6	5	2	9	3	8	4	7	1
7	3	9	6	1	4	5	8	2

#272

7	5	1	9	8	3	6	4	2
6	8	9	4	5	2	7	3	1
3	2	4	7	6	1	5	8	9
1	6	8	5	9	4	3	2	7
2	3	5	6	1	7	8	9	4
9	4	7	2	3	8	1	5	6
8	7	2	3	4	6	9	1	5
4	9	3	1	7	5	2	6	8
5	1	6	8	2	9	4	7	3

#273

4	5	6	2	9	3	1	7	8
8	9	1	5	7	4	6	2	3
2	7	3	6	8	1	9	4	5
9	1	7	3	6	2	5	8	4
6	2	5	9	4	8	3	1	7
3	4	8	7	1	5	2	6	9
7	6	2	4	5	9	8	3	1
1	3	9	8	2	7	4	5	6
5	8	4	1	3	6	7	9	2

#274

4	8	3	2	7	9	6	1	5
9	1	2	4	6	5	3	8	7
7	6	5	3	1	8	4	2	9
6	7	9	5	2	1	8	4	3
5	4	1	8	3	6	7	9	2
2	3	8	7	9	4	1	5	6
1	2	4	6	5	7	9	3	8
8	5	7	9	4	3	2	6	1
3	9	6	1	8	2	5	7	4

#275

4	9	7	3	1	8	5	6	2
2	3	5	6	7	9	4	8	1
6	8	1	2	5	4	7	3	9
3	5	4	8	6	2	9	1	7
1	6	9	7	3	5	2	4	8
8	7	2	4	9	1	6	5	3
7	4	6	9	8	3	1	2	5
5	2	3	1	4	7	8	9	6
9	1	8	5	2	6	3	7	4

#276

4	3	2	9	1	6	8	7	5
7	9	8	5	4	2	6	1	3
1	6	5	7	3	8	2	4	9
8	7	3	6	5	9	4	2	1
6	1	4	2	8	3	5	9	7
5	2	9	1	7	4	3	6	8
2	5	7	8	6	1	9	3	4
3	8	6	4	9	7	1	5	2
9	4	1	3	2	5	7	8	6

#277

1	3	8	9	4	2	7	6	5
2	5	7	6	8	1	9	3	4
4	6	9	3	7	5	8	1	2
6	8	2	5	1	7	4	9	3
9	4	3	2	6	8	5	7	1
7	1	5	4	9	3	2	8	6
8	9	4	1	2	6	3	5	7
5	2	1	7	3	9	6	4	8
3	7	6	8	5	4	1	2	9

#278

3	6	7	9	5	8	1	4	2
1	2	9	4	3	6	8	5	7
8	4	5	1	7	2	9	3	6
4	7	1	3	6	5	2	9	8
5	8	2	7	1	9	3	6	4
6	9	3	2	8	4	7	1	5
7	3	4	5	2	1	6	8	9
2	5	6	8	9	3	4	7	1
9	1	8	6	4	7	5	2	3

#279

1	5	2	9	4	8	3	6	7
3	8	6	7	5	1	4	9	2
7	4	9	2	3	6	1	8	5
5	2	3	8	1	4	6	7	9
9	6	8	3	7	5	2	4	1
4	7	1	6	9	2	8	5	3
2	9	7	4	8	3	5	1	6
6	1	4	5	2	9	7	3	8
8	3	5	1	6	7	9	2	4

#280

5	3	6	1	8	9	7	2	4
4	8	9	6	2	7	5	3	1
7	1	2	4	3	5	6	8	9
9	2	3	8	4	6	1	5	7
6	4	7	5	1	3	8	9	2
1	5	8	7	9	2	3	4	6
3	6	5	9	7	4	2	1	8
8	7	4	2	5	1	9	6	3
2	9	1	3	6	8	4	7	5

#281

3	9	7	4	2	1	8	5	6
5	8	2	3	6	7	4	1	9
6	1	4	5	9	8	3	2	7
8	3	9	1	7	2	5	6	4
2	5	6	9	3	4	7	8	1
7	4	1	8	5	6	2	9	3
4	6	3	2	8	9	1	7	5
9	2	5	7	1	3	6	4	8
1	7	8	6	4	5	9	3	2

#282

1	8	3	7	9	4	2	5	6
4	5	2	6	3	1	7	8	9
7	9	6	5	8	2	4	3	1
2	7	5	3	1	6	9	4	8
9	1	8	2	4	5	3	6	7
6	3	4	9	7	8	1	2	5
8	2	1	4	5	7	6	9	3
3	4	7	8	6	9	5	1	2
5	6	9	1	2	3	8	7	4

#283

6	3	7	1	5	4	9	2	8
1	9	2	7	8	3	5	6	4
4	8	5	9	2	6	3	7	1
3	6	4	2	7	8	1	9	5
9	7	8	6	1	5	2	4	3
2	5	1	4	3	9	6	8	7
7	4	6	3	9	1	8	5	2
8	1	9	5	4	2	7	3	6
5	2	3	8	6	7	4	1	9

#284

5	8	4	9	1	3	7	6	2
1	3	7	6	2	4	5	8	9
9	6	2	5	7	8	3	4	1
8	7	5	2	3	9	6	1	4
4	1	6	7	8	5	9	2	3
3	2	9	4	6	1	8	7	5
6	5	8	3	4	2	1	9	7
7	4	3	1	9	6	2	5	8
2	9	1	8	5	7	4	3	6

#285

9	6	8	4	5	7	3	2	1
4	2	1	8	9	3	5	6	7
5	7	3	1	6	2	8	4	9
6	5	4	2	7	9	1	3	8
8	9	2	6	3	1	7	5	4
1	3	7	5	8	4	6	9	2
7	8	6	9	4	5	2	1	3
2	4	5	3	1	8	9	7	6
3	1	9	7	2	6	4	8	5

#286

1	2	7	4	6	8	5	9	3
4	6	9	3	1	5	2	7	8
3	5	8	7	2	9	4	1	6
9	1	4	8	3	7	6	5	2
5	3	2	9	4	6	1	8	7
7	8	6	1	5	2	9	3	4
8	4	5	6	7	1	3	2	9
6	9	1	2	8	3	7	4	5
2	7	3	5	9	4	8	6	1

#287

3	5	1	4	8	9	7	6	2
7	6	8	3	2	5	1	9	4
9	4	2	6	1	7	3	8	5
4	8	5	1	3	2	6	7	9
1	7	6	9	5	4	2	3	8
2	9	3	7	6	8	5	4	1
8	1	9	5	7	3	4	2	6
6	3	4	2	9	1	8	5	7
5	2	7	8	4	6	9	1	3

#288

3	9	4	2	5	7	1	8	6
8	2	7	6	1	3	5	4	9
6	5	1	4	8	9	2	3	7
1	7	3	5	2	4	6	9	8
5	6	8	3	9	1	4	7	2
9	4	2	8	7	6	3	1	5
7	8	5	1	3	2	9	6	4
2	3	6	9	4	8	7	5	1
4	1	9	7	6	5	8	2	3

#289

6	1	7	2	8	4	9	5	3
2	3	9	1	5	7	6	8	4
8	5	4	9	6	3	2	1	7
7	8	2	3	1	6	4	9	5
4	9	1	7	2	5	3	6	8
3	6	5	4	9	8	1	7	2
5	4	8	6	3	9	7	2	1
9	2	3	5	7	1	8	4	6
1	7	6	8	4	2	5	3	9

#290

3	9	6	4	1	5	7	2	8
2	5	8	6	9	7	1	4	3
7	1	4	2	3	8	9	5	6
1	8	7	9	5	4	6	3	2
6	2	5	7	8	3	4	1	9
9	4	3	1	2	6	8	7	5
4	3	2	8	6	1	5	9	7
5	6	1	3	7	9	2	8	4
8	7	9	5	4	2	3	6	1

#291

6	1	3	7	2	9	5	4	8
4	9	5	1	6	8	3	2	7
7	8	2	5	3	4	9	6	1
8	2	9	4	7	6	1	3	5
5	7	1	3	8	2	6	9	4
3	6	4	9	1	5	7	8	2
9	5	7	8	4	3	2	1	6
1	4	6	2	9	7	8	5	3
2	3	8	6	5	1	4	7	9

#292

7	9	3	1	2	6	4	8	5
2	5	8	3	4	7	1	6	9
1	6	4	9	5	8	2	3	7
4	1	5	7	6	2	3	9	8
9	8	6	5	3	4	7	2	1
3	2	7	8	9	1	6	5	4
5	4	2	6	7	9	8	1	3
8	7	9	2	1	3	5	4	6
6	3	1	4	8	5	9	7	2

#293

5	3	4	7	1	9	6	8	2
6	1	8	5	2	3	7	9	4
2	9	7	6	8	4	1	3	5
8	2	9	1	5	6	3	4	7
1	6	3	2	4	7	8	5	9
7	4	5	3	9	8	2	1	6
9	7	2	8	3	5	4	6	1
4	8	1	9	6	2	5	7	3
3	5	6	4	7	1	9	2	8

#294

6	1	9	8	5	7	4	3	2
8	2	5	1	4	3	6	9	7
3	7	4	6	2	9	5	1	8
7	3	6	5	8	2	9	4	1
5	4	1	7	9	6	8	2	3
9	8	2	3	1	4	7	6	5
1	9	7	2	6	5	3	8	4
2	6	3	4	7	8	1	5	9
4	5	8	9	3	1	2	7	6

#295

3	4	1	8	7	6	5	9	2
5	7	2	3	4	9	8	6	1
9	8	6	1	5	2	7	4	3
4	6	5	9	2	8	3	1	7
2	1	9	6	3	7	4	5	8
7	3	8	5	1	4	6	2	9
1	2	7	4	8	5	9	3	6
8	9	4	2	6	3	1	7	5
6	5	3	7	9	1	2	8	4

#298

1	6	5	9	2	8	3	4	7
9	4	2	7	3	5	8	1	6
8	7	3	6	4	1	9	5	2
2	8	9	4	5	6	1	7	3
5	3	4	8	1	7	6	2	9
7	1	6	2	9	3	5	8	4
4	5	8	3	6	2	7	9	1
3	2	7	1	8	9	4	6	5
6	9	1	5	7	4	2	3	8

#296

5	9	1	3	7	6	4	2	8
4	3	6	2	8	1	7	5	9
8	7	2	5	9	4	6	3	1
2	4	3	8	5	9	1	6	7
9	8	7	1	6	3	5	4	2
6	1	5	7	4	2	9	8	3
3	5	8	6	1	7	2	9	4
7	2	9	4	3	5	8	1	6
1	6	4	9	2	8	3	7	5

#299

1	5	7	4	3	6	2	9	8
2	4	9	7	5	8	3	1	6
8	3	6	2	1	9	7	5	4
9	2	5	6	8	3	1	4	7
7	8	4	9	2	1	5	6	3
6	1	3	5	7	4	9	8	2
3	7	1	8	6	5	4	2	9
4	6	2	1	9	7	8	3	5
5	9	8	3	4	2	6	7	1

#297

4	5	1	6	9	7	3	2	8
2	3	8	5	1	4	7	9	6
7	9	6	3	2	8	1	5	4
1	4	9	7	3	6	2	8	5
5	8	3	2	4	9	6	1	7
6	7	2	8	5	1	9	4	3
8	1	4	9	7	3	5	6	2
3	6	5	1	8	2	4	7	9
9	2	7	4	6	5	8	3	1

#300

3	6	8	7	4	2	5	9	1
2	7	5	1	8	9	4	6	3
1	9	4	6	5	3	2	7	8
9	8	3	4	2	1	6	5	7
5	1	7	9	6	8	3	2	4
6	4	2	3	7	5	1	8	9
7	3	6	5	9	4	8	1	2
8	5	1	2	3	7	9	4	6
4	2	9	8	1	6	7	3	5

www.ingramcontent.com/pod-product-compliance
Lightning Source LLC
Chambersburg PA
CBHW080931220526
45465CB00008BA/3014
* 9 7 9 8 6 5 2 3 6 0 3 5 1 *